여러분의

여유 넘치는 삶을

소망하며... ♥

예빈
2021

N잡러의 돈은 잠들지 않는다

N잡러의 돈은 잠들지 않는다

지은이 여도은
펴낸이 임상진
펴낸곳 (주)넥서스

초판 1쇄 인쇄 2021년 5월 17일
초판 1쇄 발행 2021년 5월 25일

출판신고 1992년 4월 3일 제311-2002-2호
10880 경기도 파주시 지목로 5
Tel (02)330-5500 Fax (02)330-5555

ISBN 979-11-6683-059-4 03320

www.nexusbook.com

부 지런한 캐 시카우
만들기 프로젝트

N잡러의 돈은 잠들지 않는다

여도은 지음

넥서스BIZ

진정한 자유를 위한 한 걸음

인생을 살면서 우리는 수많은 경험을 합니다. 직업과 일도 경험의 일부이고요. 다양한 경험을 통해 우리는 내성을 키우게 되고 그것을 바탕으로 위기를 이겨 내고 새로운 세계로 나아가게 됩니다. 행동하고 실천하지 않는다면 아무 일도 일어나지 않습니다. 알고 있지만 가장 어려운 것이 생각을 행동으로 옮기는 일입니다. 혹시 지금 이 책을 보고 있는 이 순간, 머릿속에 하고 싶은 일이 떠오르나요? 그렇다면 생각에 그치지 말고 행동으로 옮겨보세요. 당연한 이야기지만, 스스로 어떤 상황 한가운데에 놓이는 것이 책을 읽으며 간접적으로 체험하는 것보다 훨씬 깊고 넓은 인사이트를 얻을 수 있습니다.

최근 '부캐'를 내세워 활동하는 사람들이 많아졌습니다. 경제 분야에서는 '파이프라인'이나 'N잡'이라는 비슷한 용어가 있네요. 저의 부캐로는 아나운서, 유튜버, 사업가, 강사, 그리고 작가 등이 있습니다. 이러한 다양한 직업은 누군가의 도움 없이 스스로 하나씩 배워가며 만들었습니다.

13년 넘게 해온 아나운서 일도, 혼자서 편집과 기획을 하며 고군분투하는 유튜브 채널 운영도, 세 번의 실패 끝에 드디어 자리를 잡은 사업도, 꾸준히 커리어를 쌓아가고 있는 강사 일도, 그리고 이렇게 또 저질러 버린 작가로서의 삶도 모두 저에게는 자아실현인 동시에 파이프라인입니다.

저도 처음부터 다양한 직업을 가지는 것이 가능할 거라고는 생각하지 않았습니다만, 실패를 반복하면서 꾸준히 실천하다 보니 가능하게 되었습니다. 프롤로그 지면을 빌려 말하자면, 몸이 5개였으면 좋겠다고 생각했을 만큼 힘들었을 때가 많았습니다. 그러나 인간은 적응의 동물이라고 했나요? 여러 일을 계속하다 보니 보람과 즐거움도 N배로 커졌습니다. 그러니 N잡러로서의 삶을 고민하고 있다면 시도도 하기 전에 '실패하면 어떡하지?'라는 생각은 하지 않았으면 좋겠습니다.

사실 이번 책은 저의 두 번째 책입니다. 첫 번째 책을 낸 후 평소 존경하던 교수님이 "다음에는 '방법'에 대한 책을 써

봐."라고 하셨는데, 저는 그때 교수님께 "두 번의 실수는 없어요."라며 책을 다시는 쓰지 않겠다고 다짐했습니다. 그런데 또 이렇게 책을 내게 되었네요. 그리고 교수님의 말씀처럼 이번에는 '방법'에 대한 책을 내게 되었습니다.

저는 첫 책에서 스스로에 대해 이렇게 소개했습니다. "10대에는 무지했고, 20대에는 무모했으며, 30대에는 무슨 일이든 저지르며 다니고 있다"고요. 돌이켜 보니 말이 씨가 되었는지 30대의 저는 정말 그렇게 살고 있습니다. 그렇다면 이루어지리라는 소망을 담아, 이제는 이렇게 소개해야겠습니다.

"내가 저질렀던 일들이 다디단 열매가 되어 인생을 더 풍성하게 만들었다. 그 열매는 경제력만을 의미하는 것이 아닌, 삶 전체를 윤택하게 만드는 에너지다. 그리고 나의 삶은 많은 이들에게 긍정적인 영향을 미치고 있다."라고요.

이 책을 쓰기까지 많은 고민이 있었습니다. '엄청난 성공을 한 것도 아닌데', '아직은 프로 N잡러가 아닌데' 하는 생각 때문에요. 그런 순간에 저의 다이내믹한 인생에 귀를 기울여주고 출간의 방향을 잡아준 편집자님을 만나게 되었고 이렇게 저의 경험을 녹인 책이 세상에 나오게 되었습니다. 바쁘다는 핑계로 마감을 늦추게 되었음에도 배려해 주어 감사하다는 인사를 전합니다. 더불어 경제관을 어릴 때부터 자연스럽게 세워주시고 추진력과 행동력을 물려주신 사랑하는 부모님, 그리고 잘하고 있다고 응원의 말을 아끼지 않는 오빠와 동생, 일보다 건강이 우선이라며 주말마다 나를 산으로 끌고 가 준 산쓰리 멤버 보윤이와 선미, 그리고 소비가 미덕이라고 믿고 살아온 내게 강력한 '원 펀치'를 날려 인생을 바꿔준 용사부 용현에게 깊은 감사의 말을 전합니다.

마지막으로 이 책을 읽는 분들께.
부족하나마 N잡러로 고군분투한 저의 경험담을 통해 조금이나마 용기를 얻으셨으면 좋겠습니다. 그래서 경제적인 자유뿐만이 아니라 인생 전반에서 진정한 '자유'의 의미를 깨닫고 모두 행복하시기를 기원하겠습니다.

2021년, 또 다른 직업이 추가된 30대 N잡러
여도은

차례

Part 1

N잡러, 결핍에서 비롯된 도전
★마인드셋 편

Part 2

잠든 사이에도 쌓이는 수익
★유튜버 편

N잡러, 결핍에서
비롯된 도전

마인드셋 편

N잡러는 누군가에게는 한 가지에 집중하지 못하는 사람으로, 또 누군가에게는 다재다능한 사람으로 보일 수 있습니다. 누가 어떻게 보든 변하지 않는 사실은, 여러 일들을 해내는 그 사람은 자신의 인생을 최선을 다해 살아 내고 있는 사람이라는 점입니다.

제가 그런 사람이 된 데에는 '결핍'이라는 원동력이 있었습니다. 그렇다면 여러분을 움직일 힘은 무엇입니까?

여러 가지 직업을
가진다는 것

아나운서, 유튜버, 사업가, 강사 그리고 작가. 지금 제가 하고 있는 일들 중 굵직한 것을 나열하자면 이 정도입니다. 상황에 따라 다소 차이는 있지만 대체로 제 일과는 다음과 같습니다.

매일 오전에 생방송을 하고, 방송이 끝나면 사업가나 유튜버로 변신합니다. 사업가 모드일 때는 거래처에 들러 제품 개발 관련 미팅을 하고 제작 상황도 확인합니다. 또 온라인몰을 통해 들어온 주문을 확인한 뒤 배송과 CS업무를 봅니다. 새로운 물건이 업데이트되는 날에는 제품을 촬영하고 편집하여 상세페이지를 업로드합니다.

유튜버 모드일 때는 영상을 편집하거나 출연자 인터뷰를 하거나 대본을 작성하며 오후를 보냅니다. 대체로 영상을 편집하고 업로드하면 하루를 꼬박 다 쓰게 되지만, 만약 자투리 시간이 남으면 상품을 미리 포장하는 등 추가적인 일을 하기도 합니다.

주말이 되면 쉬느냐고요? 그렇지 않습니다. 주말에는 아이들을 가르치는 일을 하면서 틈틈이 책도 씁니다. 뒤돌아서면 해야 할 일이 보이기 때문에 한 가지 일을 끝내면 곧바로 다른 일을 시작합니다. 최근에는 'N잡러'답게 공인중개사 자

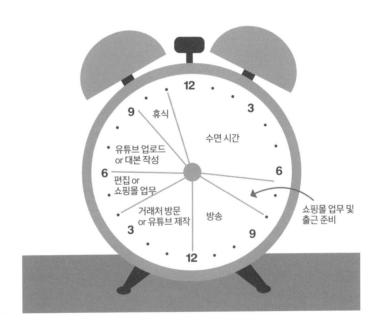

격증을 취득하기 위해 시간을 쪼개 공부해 합격했습니다.

일에 대해 더 구체적으로 이야기해 보자면, 프리랜서 아나운서 활동으로는 매일 하는 프로그램 외에도 다른 곳에서 방송을 하거나 외부 행사, 내레이션 녹음 작업 등을 하고 있습니다. 때문에 같은 카테고리의 일 안에서도 수익이 추가로 발생합니다. 현재까지 주기적으로, 꾸준히 수익이 생기는 일은 아나운서와 유튜버, 사업가 그리고 강사입니다.

사실 위에서 언급한 직업들이 얼핏 서로 동떨어져 보이지만, 사실은 저의 본업인 '아나운서'라는 직업에서 파생된 것이 많습니다. 특히 유튜버와 강사의 일이 그렇습니다. 현재 운영하는 유튜브 채널 〈여도은 앵커의 돈 되는 돈TV〉는 경제, 재테크, 돈에 관한 주제를 다루고 있기에 경제 방송 아나운서라는 본업이 큰 도움이 되었습니다.

매일 하던 일을 방송국이 아닌 나만의 온라인 공간에서 하게 되는 것이기에 촬영하고 편집하는 것 외에는 늘 하던 일을 다른 곳에서 하는 정도의 느낌입니다.

강사로 활동할 때는 대부분 스피치나 아나운싱을 가르치거나 경제 유튜브 운영에 관한 내용을 강의합니다. 아나운서를 하지 않았다면 이런 강의나 경제 관련 유튜브는 하지 못했을 것입니다.

사업가와 공인중개사라는 직업을 갖게 된 것은 제 관심사와 관련이 있습니다. 저는 어릴 적부터 패션 그리고 쇼핑에 관심이 많았던 터라 눈에 들어온 아이템들을 제작해 판매하기 위해 브랜드를 만들어 운영하고 있습니다. 관심에만 머물렀던 영역을 사업화하고 나니 스타일링으로 만족하는 수준을 넘어서 갖고 싶은 제품을 만들며 돈을 벌게 되었습니다. 공인중개사는 자격은 취득했으나 '개업' 공인중개사는 아니므로 아직 직업이라고는 할 수 없겠네요. 그러나 현재 토지 개발과 관련한, 다소 유사한 분야의 일을 시작했습니다.

제가 태어나기도 전부터 할아버지는 집을 짓는 일을 하셨다고 합니다. 지금으로 치면 건설회사를 운영하셨던 셈입니다. 할아버지의 이런 모습을 보고 자라온 아버지도 건설 사업을 40년 넘게 하고 계시고요. 저 역시 아버지와 할아버지의 영향 때문인지 어릴 적부터 땅이나 주택 등 부동산에 관심이 많았습니다. 그래서 자연스럽게 공인중개사 자격증을 따야겠다고 생각했고 그것을 실천에 옮긴 때가 바로 2020년입니다.

다양한 일을 하면서 주변에 있는 사람들에게 가장 자주 들었던 말은 '어떻게 그 일들을 다 할 수 있느냐'는 것이었습니다. 매일 다양한 직업을 소화해 내야 했지만, 때마다 집중하는 일들이 모두 다른 경우가 많았습니다.

한창 공인중개사 자격증을 따기 위해 공부하던 늦가을에

는 유튜브 관리를 보름 넘게 하지 않았고, 사업 역시 새로운 제품 론칭은 하지 않고 기존 제품 판매만 했습니다.

다양한 일을 하게 되면서 뒹굴뒹굴하며 쉴 수 있는 시간은 비록 줄어들었지만 그와 비례할 수 없을 만큼 수익을 얻게 되었고, 더 움직이고 일한 만큼 더 많은 능력을 펼칠 수 있었습니다.

다양한 직업을 갖는다는 것은 단순히 돈을 많이 버는 것을 의미하지 않습니다. 돈을 뛰어넘는 무언가가 있습니다. 이 책을 집어 든 여러분이라면 N잡러가 될 마음이 있겠지요? 아마 N잡을 시작하면 알게 될 것입니다. 몸이 힘든 만큼 지치기도 하겠지만, 묘하게 에너지가 생기는 일이 더 많다는 사실을요!

일을 벌이는 만큼 실패가 잦을 수 있지만, 성공할 가능성도 그만큼 늘어난다고 생각하면 힘든 순간을 이겨 내는 데 도움이 될 겁니다. 성공이 반복될 때의 희열과 기쁨을 여러분도 꼭 느껴보기 바랍니다.

02 결핍을 통해 라이프 밸런스를 찾다

제가 'N잡러'가 된 것은 '결핍' 때문이었습니다. 아나운서로 10년 넘게 일하던 어느 날 문득 이유를 알 수 없는 공허함을 느꼈습니다. 일을 하고 있어도 삶 자체가 채워지지 않는 기분이 들었지요. 삶이 비어 있는 것 같았어요. 그 마음은 쇼핑을 해도 여행을 해도 해소가 되지 않았습니다. 그러던 중 우연한 기회에 본업이 아닌 다른 일을 하게 되었는데, 문득 마음이 충만하게 채워지는 느낌을 받았습니다. 그때 깨달았습니다. 저는 '쉼'이 아닌 '성취'로 힐링이 되는 사람이라는 사실을요.

2009년부터 시작된 아나운서로서의 삶은 제게 큰 만족감을 주지 못했습니다. 물론 방송을 하는 것이 즐겁기도 했고 일을 할 수 있다는 사실에 감사했지만, 누구나 아는 유명한 아나운서도 아니고, 그렇다고 돈을 제대로 버는 것도 아니었기에 흡족한 수준은 아니었습니다. 10년 넘게 일을 했지만 사회 초년생 때 받았던 월급 수준에서 크게 벗어나지 못했고 프리랜서로 아나운서 활동하는 것은 여러 가지로 어려움이 많았습니다. 거기다 점점 나이는 들어갔고, 경력도 꽤 많이 쌓였지만 그만큼 무언가 의미 있게 일을 하고 있다는 생각도 들지 않았습니다. 그런 생각들은 '왜 나는 이 정도 벌이에 안주하며 살아가는가' 하는 자책으로 바뀌기도 했습니다.

그렇게 회의감에 빠져 지내던 어느 날, 마음을 다잡고 사업과 공부를 시작했습니다. 하고 있던 방송 외에 제게 주어진 작은 기회도 흘려 보내지 않고 일을 찾아서 했습니다. 물론 저는 아직 '프로 N잡러'라고 할 수는 없습니다.

그러나 확실히 말할 수 있는 것은 벌이가 나아졌고 무엇보다 이전보다 활력이 더 생겼다는 사실입니다. N잡러로서의 삶을 살면서 저의 결핍은 새로운 일과 그 일에 쏟아붓는 에너지로 채워졌습니다. 저의 많은 직업들은 이렇듯 다시 제게 시너지가 되었고 덕분에 삶이 더 재밌어졌습니다.

어릴 적부터 그랬습니다. 저는 스스로 부족함을 느낄 때면, 그것을 계기로 무엇인가를 만들어 나갔습니다. 저는 경쟁적인 상황에서 오히려 에너지를 얻는 유형의 사람이었던 것입니다.

물론 이런 삶이 매우 피곤할 수도 있습니다. 저 역시도 평탄하게 살기만을 바라던 때도 있었으니 말입니다. 하지만 저는 깨달았습니다. 자신의 결핍을 그저 '난 이런 사람이구나. 어쩔 수 없지'라고 포기하기보다는 그것을 극복해 내기 위해 '고민'하고 그것을 '행동'으로 옮기는 것이 중요하다는 것을요. 성공하든 실패하든 그 행동은 여러분의 삶에 큰 교훈을 남기고 나아가 삶을 더 끌어올리는 데 보탬이 됩니다.

혹시 스스로의 삶 전체를 놓고 봤을 때 자꾸만 기울어지고, 무기력해지고, 그저 안주하며 하루하루를 살아가고 있음을 발견했나요? 그렇다면 기울어진 곳에, 결핍이 있는 곳에 작은 벽돌 하나를 쌓아보세요. 그 벽돌은 저마다 다른 모양이겠지만, 그것을 통해 우리의 삶은 다시 균형을 잡고 한 단계 더 도약할 수 있게 될 것입니다. 그 벽돌을 무엇으로, 어떤 모양으로 쌓을지는 이 책을 읽으며 저와 함께 고민해 보시죠.

마음을 채우려고

일을 하나씩 더 하다 보니,

삶이 채워지는 충만감을 느꼈습니다.

결핍은 비록 나를 힘들게 했지만,

그것을 채워 나가면서 나는 더 단단해졌습니다.

03 무엇을 해야 할지 고민하는 이들에게

그렇다면 무엇을 해야 또 다른 직업과 또 다른 수입원을 만들 수 있을까요? 그것은 각자의 역량에 따라 천차만별이겠지요? 역량이라고 하니 굉장한 능력이 있어야만 할 것 같지만 사실은 그렇지 않습니다. 가장 쉬운 방법은 '지금 당장 내가 할 수 있는 것'을 찾아보는 겁니다.

〈크몽〉의 박현호 대표는 2011년 〈크몽〉을 만들고 나서 직접 창업 멘토로서 멘토링을 하며 전문가로 활동했습니다. 여러 차례 창업을 하면서 본인이 경험하고 느꼈던 점을 일대일로 직접 만나 한두 시간씩 이야기를 나눴고, 반복되는 멘토

링을 통해 점점 더 전문성을 채울 수 있었다고 합니다. 실제로 〈크몽〉이라는 플랫폼을 통해 활동한 사람들 중에는 박현호 대표 같은 사례들이 많았습니다.

일례로 마케팅 분야의 일을 하며 마케팅 전문가로 〈크몽〉에 등록해 전문적인 지식을 전하는 일을 했던 사람이 있었는데요. 그분 역시 시작할 때보다 전문가로 활동을 하면서 더 많은 지식과 기술이 쌓였고, 나중에는 그 노하우를 바탕으로 마케팅 회사를 창업하고, 대기업 마케팅을 담당하기까지 이르렀다고 합니다.

우리 모두는 각각 어떤 분야에서 남들보다 조금 더 많은 관심과 흥미를 가지고 있거나, 혹은 조금 더 특별한 기술이나 노하우를 가지고 있기도 합니다. 자신이 보기에는 별것 아닌 거 같고, 누구나 할 수 있는 것이라고 생각되겠지만, 능력과 경험을 잘 다듬으면 누군가에게는 전혀 몰랐던 분야에 대한 소중한 자료가 될 수도 있습니다. 그러니 우선 자신이 일하는 분야에서 더 할 수 있는 것을 찾아봅시다. 브레인스토밍을 하듯 자신의 직업과 관심 영역에서 가지를 뻗어나가 봅시다.

앞서 말했듯 저 역시 평소 관심이 많았던 패션에 대해 주기적으로 블로그에 포스팅을 하며 데이터를 쌓다가 판매할 아이템을 개발하고 쇼핑몰까지 운영하게 되었습니다.

또 다른 직업의 확대는 본업에서 뻗어나간 경우입니다. 저 역시 아나운서라는 일에서 경제 유튜브, 스피치, 아나운싱 강의 등의 일이 비롯되었습니다. 이렇듯 N잡은 자신이 종사하는 분야의 능력과 지식 혹은 취미와 관심을 발전시켜 또 다른 직업으로 확대해 나가는 것입니다. 남들보다 '월등히' 잘하지 않아도 됩니다. 앞서 언급한 크몽의 사례처럼 자신의 경험과 노하우를 전하다 보면 실력이 더 향상되어 선순환할 수 있습니다.

조금 더 구체적으로 예를 들어보겠습니다. 요즘에는 출판사를 통해 종이책 대신 전자책을 출간하는 경우가 많은데요. 자신이 현재 하고 있는 일, 직장에서의 경험이나 노하우를 정리해서 전자책 출간을 해 보는 것도 좋은 방법입니다. 종이책 및 전자책 출간 관련 이야기는 뒤에서 더 자세히 하겠습니다.

또는 취미나 현재 관심을 갖고 있는 분야에 대해 그 내용을 블로그나 SNS 등에 기록하고 남겨두는 것만으로도 돈이 될 수 있습니다. 요즘은 블로그와 SNS 등 수익을 창출할 수 있는 플랫폼이 너무나 다양합니다. 가장 간단하게 온라인으로 시작할 수 있는 N잡이라고 할 수 있습니다. N잡을 배달이나 대리운전 등으로 시작하는 경우가 많지만, 온라인 플랫폼 이용이 어렵지 않다면 이를 활용하는 것도 좋은 방법입니다.

실제로 제 주변에는 이를 실천하는 친구가 있습니다. 평소 책을 많이 읽는 이 친구는 읽는 데에서 그치치 않고 블로그에

책 리뷰를 남기기 시작했습니다. 명확한 목표가 있는 친구라 경제, 재테크 등에 관한 책이 많았고 블로그 제목도 '부를 읽다'로 정했습니다. 목차별 내용을 요약하고 마지막에 간단한 감상을 남겨 두거나 어떤 이들이 읽으면 도움이 될지를 써 둡니다. 친구는 이 블로그로 당장 무엇을 하겠다는 생각보다는 독서 내용을 정리하면서 책을 숙지하는 데 초점을 두고 있습니다. 하지만 분명 글이 쌓이면 이것이 또 다른 기회를 만들어 낼 거라고 생각합니다. 그래서 저는 100권의 리뷰를 달성하는 때를 기대하고 있습니다.

어느덧 당연한 것이 되어서 잘 인지하지 못했던 자신의 일과 관심을 조금 더 자세히 들여다보면 생각보다 할 수 있는 것들이 꽤 많습니다. 그중에는 직업으로 삼을 수 있는 것도 있겠지요. '내 속엔 내가 너무도 많아'라는 노래 가사처럼 우리는 우리 안의 다양한 모습을 찾아야 합니다. 찾지 못했다고요? 그렇다면 스스로를 너무 과소평가하고 있는 것이 아닌지 점검해 보세요.

내가 무엇을 좋아하는지 또 내가 무엇을 잘하는지 적어봅시다.

나는 무엇을
잘하는가?

나는 무엇을
좋아하는가?

😊 _____
😊 _____
😊 _____
😊 _____
😊 _____
😊 _____
😊 _____
😊 _____
😊 _____

_____
_____
_____
_____
_____
_____
_____
_____
_____

사소해도 괜찮아요!
자신만의 노하우가 있는 것이라면
어떤것이든 N잡으로 확장할 수 있습니다!

04 일할 수 있을 때 열정적으로 일하자

퇴근하고 나면 몸이 천근만근 무겁고 머리가 지끈거려서 아무것도 손에 잡히지 않습니다. 거기다 몇 번의 야근이 더해 진다면 그 주말에는 늘어지게 잠을 자고 눈을 떠도 꼼짝없이 침대에 누워서 넷플릭스를 보고 싶어지겠죠. 신기하게도 놀 때는 어찌나 시간이 잘 가는지 금세 일요일 저녁이 됩니다. 또 쳇바퀴가 돌듯이 '헬요일'이 시작되고 오매불망 주말을 기 다리며 평일을 버티는 것이 대개 직장인들의 삶입니다.

본업 하나만으로도 이렇게 바쁘고 힘든데 일과 직업을 추 가하라니! 이게 무슨 말도 안 되는 가혹한 이야기인가 싶을 수도 있겠습니다. 그러나 우리가 자의가 아닌 타의로, 그리고 불가피한 상황 때문에 일을 하고 싶어도 할 수 없는 시기가 온다고 생각해 보세요. 분명 우리는 평범하게 흘려보낸 하루하루를 간절히 그리워하게 될 것입니다.

우리가 일을 할 수 있는 나이는 과연 몇 살까지일까요? 보통, 어딘가에 정규직으로 입사를 하게 되어 평균적으로 정년까지 일을 하게 된다면 30년에서 40년을 일을 하게 될 수도 있습니다. 그러나 중간에 자발적인 또는 비자발적으로 퇴사를 하게 된다면 그보다 더 줄어들 수도 있겠지요.

자영업자로 일을 하게 된다면 그 수명을 더 연장할 수 있지만 그 일을 계속 이끌고 갈 수 있을지는 누구도 장담할 수 없습니다. 그래서 저는 할 수 있을 때 더 바짝 일을 하고 돈을 벌기로 마음먹었던 것입니다.

'젊어서 고생은 사서도 한다'는 옛말은 나이가 들수록 맞는 말이라는 생각이 듭니다. 젊었을 때 실패해야 일어날 힘이 생깁니다. 따라서 조금이라도 젊은 시기에 도전하여 실패도 맛보면서 재기하는 힘을 길러야 합니다.

쇼핑몰 사업을 처음 해 보겠다고 뛰어들었던 20대 후반의 체력과 지금을 비교해 보면 몸 상태부터 다릅니다. 그래서 무언가 하고 싶다면 체력이 있을 때, 하루라도 빨리 시도하는 것이 좋습니다. 나이가 들면 스스로 느끼게 될 것입니다. 시도할 에너지도 줄어들지만, 실패했을 때 다시 일어날 수 있는 시간도 줄어들었다는 것을요. 시간과 에너지라는 강력한 무기는 그것을 잃었을 때 비로소 그 중요성을 실감하게 됩니다. 부디 나이가 더 들기 전에, 에너지가 남아 있을 때 도전과 실패를 경험하시기 바랍니다.

아나운서로 13년 넘게 일하면서 남는 시간에 그저 놀기만 했던 게 돌이켜 생각해 보니 너무 아쉽습니다. 이전에도 물론 일을 더 늘리기도 했지만 더 적극적으로, 더 빨리 시작하지 못해서 아쉽습니다. 다양한 일을 하면서 가장 많이 한 생각은 '이 일들을 더 빨리 했더라면'이었습니다. 유튜브 채널 개설도 마찬가지입니다.

2014년에 뉴욕에서 한 달 정도 지낸 적이 있습니다. 당시 저는 유튜브로 좋아하는 팝 가수 비욘세의 콘서트 영상을 찾아보는 것이 일상이었고, 유튜브가 지금처럼 일상에 스며들지 않았던 때였지만 저는 뉴욕 여행 중 찍었던 영상을 개인 채널에 올리기도 했습니다. 본격적인 유튜브 활동을 2014년 그때 시작했다면 어땠을까요?

물론 일찍 시작했다고 해서 무조건 성공했으리라는 보장은 없지만, 지금보다 더 시간이 많았던 당시에 더 빨리 내 채널을 만들어 시행착오를 겪었다면 어땠을까 하는 아쉬움이 남습니다.

쇼핑몰 사업도 마찬가지입니다. 처음 온라인 쇼핑몰을 시작한 건 20대 후반이었고 그 후로 두 번 더 온라인 쇼핑몰 사업을 했는데 모두 짧게는 3개월 길어도 5개월을 넘기지 못하였습니다.

물론 그 시도를 후회하지는 않습니다. 오히려 매우 잘한 일이라 생각합니다. 그러나 하나 아쉬운 점은 실패를 딛고 '꾸준히' 이어오지 못했다는 점입니다. 그랬더라면 더 빨리 유의미한 성과를 맛보고 또 다른 도약을 준비하고 있지 않을까 하는 생각이 듭니다. 이전의 시간들이 아깝고 아쉬운 만큼 저는 나중에 후회하지 않기 위해서 이제는 도전하고 실패하는 것을 두려워하지 않기로 했습니다. 그리고 시작을 했다면 반드시 끈기 있게 이어 나가리라 결심했습니다.

제가 '조금 더 버텨볼걸, 조금 더 빨리 시작했어야 했어.' 이런 푸념을 하면 주변의 친한 지인들은 말합니다. 그 사이에 '쉼'이 있었기에 지금 저의 이 시간들이 더 소중하게 느껴지고, 더 나아가게 하는 원동력이 되는 거라고요. 이것은 사실 위로하기 위한 말입니다. 만약 누군가 제게 같은 푸념을 한다면 저는 '가장 젊은 오늘, 지금 이 순간 도전하고 더 많이 일하라'고 말할 것입니다.

지금 이 책을 보는 여러분이 20대라면, 아니 20대가 아니더라도 마음에 품은 꿈이 있다면 시도해 보라고 말씀드리고 싶습니다. 오늘이 여러분 인생에서 가장 젊은 날이니까요. 행동하지 않았던 과거는 잊고, 지금 당장 시작하세요! 그리고 끈기 있게 꾸준히 이어가 보라고 이야기하고 싶습니다.

물론 놀 거 다 놀면서 여유롭게 사는 삶도 나쁘지만은 않을 것입니다. 그러나 그런 여유는 훗날에도 충분히 누릴 수 있습니다. 이런 말을 하면 젊을 때 노는 것과는 다르다고 말씀하려나요? 그렇다면 여러분의 잠재된 가능성은 발휘되지 못할 겁니다.

가장 젊은 날인 지금, 실패에서 딛고 일어날 시간도 체력도 있는 지금 우리는 할 수 있는 일을 해야 합니다. 삶이 얼마나 소중한지 깨닫고 싶다면, 자신의 능력을 더 발전시키고 싶다면, 도전할 수 있는 '젊음'에 감사하며 시작합시다. 소중한 시간을 허투루 낭비하지 않기를 바랍니다.

가장 평안하고 순수한 기쁨은
노동 후에 취하는 휴식이다.
― 임마누엘 칸트

05
1+1이
2가 아닌 이유

'그래, 내가 할 수 있는 일을 찾고 그것을 제2의 직업으로 삼겠어!'라고 다짐한 뒤, 열심히 자신의 두 번째 직업을 꾸려가 보지만, 생각처럼 수월하지도 않고 결과도 금방 나오지 않으면 포기하고 싶어집니다. 사람이라면 응당 이런 마음이 들 수 있습니다. 일을 더 했더니 힘만 들고, 퇴근하고 집에 오니 또 다른 일이 기다리고 있고. '과연 이러한 삶이 맞는 것일까.' 하는 생각을 하다 금세 포기하는 분도 있을 겁니다.

1+1은 2이지만, 일에 일을 더하면 무조건 두 배의 결과로 돌아오지는 않습니다. 덜 돌아올 수도 있고 더 돌아올 수도 있습니다. 누구도 장담할 수 없습니다.

솔직히 이야기하자면, 저의 N잡들 중에서 가장 많은 수입을 가져다주는 것은 '사업'입니다. 가끔은 방송일이 추가되어 아나운서로서의 수입이 더 많을 때도 있지만 평균 수익을 보면 사업이 1위입니다.

그러면 수입이 많은 만큼 사업에 들이는 시간도 가장 많을까요? 그렇지 않습니다. 실제로 소요되는 시간은 방송이 가장 많고, 그다음으로 유튜브 편집, 사업 순입니다. 사업에 들이는 시간이 가장 적습니다.

사업이 수익은 가장 높지만 시간을 가장 많이 쏟지 않는 것은 사업을 단순히 '일'로만 생각하지 않기 때문입니다. 그리고 사업 초창기 6개월 동안 들인 시간이 매우 많아서일 수도 있습니다. 그러나 1년이 지난 지금, 사업은 가장 적은 시간으로 가장 많은 수익을 내고 있는 효율적인 직업이 되었습니다. 즉 현재 8시간 넘게 풀타임으로 근무해서 버는 수익보다 다른 직업이 제게 더 많은 수익을 안겨줄 수도 있다는 말입니다. 그리고 이런 결과는 돈의 문제로만 국한되지 않고 기회와 희망을 잡는 긍정적인 삶의 태도를 갖게 합니다.

단순히 돈을 더 벌기 위한 수단으로 N잡을 선택한다면, 당장에 수익이 나지 않으면 쉽게 포기하게 됩니다. 그러나 어떤 일을 새로운 기회를 얻기 위한 수단이라고 여긴다면 수익은 이루고자 하는 목표 가운데 하나가 될 것입니다. 그런 마음으로 일을 이어가다 보면 여러 상황이 유기적으로 연결되면서 '일 더하기 일'이 자신의 상상을 뛰어넘는 결과로 돌아오기도 합니다.

너무 뜬구름 잡는 소리가 아니냐는 반문을 할 수도 있겠습니다. 그러나 여러 차례 도전과 실패를 이어 오면서, 그리고 다양한 직업을 병행하며 N잡러의 삶을 살면서 제가 다양한 직업들을 수익을 위한 것으로만 여겼다면 저는 결코 이렇게 해 올 수 없었을 것입니다.

저는 다양한 직업을 갖게 되면서 벌이도 좋아졌지만 삶을 대하는 태도가 달라졌습니다. 성취를 할수록 자신감이 생겼고, 제가 무엇인가를 더 할 수 있다는 사실을 깨달으면서 마음도 더 밝아지고 에너지가 넘쳐나는 것을 경험했습니다. 피곤하고 힘들어 입술이 부르트고 코피도 났지만, 표정이 밝아 보인다는 이야기를 들었던 이유는 아마 N잡의 시너지 효과였을 것입니다.

물론 저와는 달리 일이 주는 의미와 삶의 변화보다는 단돈 1만 원이라도 더 벌고자 여러 일을 하고 싶은 사람도 있을 것입니다. '돈을 많이 벌겠다'는 것도 뚜렷한 목표입니다. 그렇기 때문에 시작할 동기는 충분합니다. 다만 그것이 단기간에 이루어지지 않는다고 쉽게 포기하지 않기를 바랍니다. 또 목표가 이루어지기 시작하는 순간에는 더 집중해 마음이 무너지지 않도록 유지해야 합니다. 무엇이든 이루는 것보다 그것을 '유지'하는 것이 어렵다는 것은 N잡에도 적용됩니다.

중국 극동 지방에서만 자라는 '모소 대나무'는 씨앗이 땅에 뿌려진 후에 4년 동안은 거의 자라지 않습니다. 마치 시간이 멈춰버린 것처럼요. 그러나 5년이 되는 해부터 매일 30cm씩 성장합니다. 그리고 그렇게 6주 정도가 흐르고 나면 울창한 숲이 된다고 합니다.

마찬가지로 우리에게도 뿌리를 내리는 시간은 반드시 필요합니다. 내실을 갖추는 시간을 아무런 성과가 없는 시간이라고 간주하지 마세요. 지금 우리는 더 단단한 뿌리를 만드는 시간일지도 모릅니다. 모소 대나무처럼 말입니다.

자신의 목표로 기회나 희망을 선택할지 아니면 돈을 택할지는 각자의 몫입니다. 그러나 저에게 어떤 것을 선택하는 것이 더 보람이 있냐고 물으신다면 전자를 선택하라고 말씀드리고 싶습니다. 할 수 있는 일이 늘어난다는 것은 자신의 인생에 스스로 희망을 채울 수 있음을 의미합니다. 인생에서 '희망'이 있다는 것만큼 행복한 것은 없습니다. 이 말이 와닿지 않는다면 꿈도 희망도 없는 삶을 상상해 보세요. 그럼 단번에 이해할 수 있을 겁니다.

06 열심히 일한 자, 워라밸을 얻으리!

요즘 직장인들에게는 소위 '워라밸'*을 유지하며 사는 것이 중요한 가치가 되었습니다. 연봉이 높아도 야근이 빈번하고 고강도의 업무에 시달리게 되어 좀처럼 개인의 삶이 없는 사람들이 업무와 삶의 분리를 갈구하게 되었습니다. 몇 년 사이에 워라밸은 직장인들의 어휘사전에 자주 등장했습니다. 그러나 저는 단순히 워라밸을 업무와 삶의 분리로 보는 것이 아닌 조금 확장된 방식으로 생각해 보았습니다. 기존의 워라밸이 '하루의 시간'에 초점을 맞추지만, 저는 '인생의 시기'를

---

* 　워라밸: 일과 삶의 균형을 뜻하는 'Work-life balance'의 줄임말.

생각합니다. 인생 전체를 놓고 일하는 시기와 쉬는 시기를 생각하는 것이지요. 이렇게 보면 과연 내가 진정한 워라밸을 누릴 만큼 열정적인 삶을 살고 있는지 고민하게 됩니다.

다양한 일을 하는 N잡러로 살면서 저는 오히려 더 균형있는 삶을 살고 있습니다. 프리랜서로 방송일을 했기 때문에 일반적인 직장인들에 비해 여유시간이 많은 편이었습니다. 다르게 이야기하면 그만큼 돈을 벌 수 있는 기회도 적을 수밖에 없었습니다. 다양한 영역에서 방송을 했다면 좋았겠지만, 아쉽게도 같은 경제 방송 영역에서는 증권사는 증권사대로, 방송국은 방송국대로 일을 하는 데 제한이 있어서 하고 싶어도 할 수 없는 경우가 많았습니다.

◯◼️ 워라밸의 의미

제게 있어서의 워라밸은 일을 '줄이는' 데에 있지 않고 오히려 본업이 아닌 다른 일로 삶을 더 '채우고' 그것으로 인해 인생의 균형을 만드는 데 있습니다.

여유가 많은 만큼 '방송'에서 다양한 기회를 얻지 못했던 제게 N잡은 기울어진 삶의 균형을 잡아주었고, 인생을 채워주었습니다. 방송을 마치고 다른 일을 하는 제 모습에서 스스로 에너지를 얻게 되었습니다. 그야말로 N잡은 '워크(work)'가 줄어들어 기울어져 있던 제 삶의 균형을 잡아준 것이죠.

우리가 흔히 생각하는 워라밸은 근무 시간에는 일을 하고 나머지 시간에는 여가 활동을 하는 것이지만, 제게 워라밸은 '일이 부족한 삶에 일을 더해 균형을 맞추는 것'으로 조금 다른 의미가 되었습니다.

저의 삶을 돌아보면 방송에만 치우쳐 있었습니다. 방송 외의 일은 생각조차 해 보지 않았기에 방송만을 위해 공부했고, 일해 왔습니다. 그러나 어느 순간 일에 제한이 생겼고 그런 현실 속에서 '과연 내가 언제까지 이런 방식으로 일을 해야 할까?'라는 고민이 생겼습니다. 그 고민은 'N잡러'가 되는 것으로 해결됩니다.

누군가에게 일은 탈출하고 싶은 대상일 수도 있겠지만 저에게 일은 나 자신을 행복하게 만드는 수단이었습니다. 그랬기에 그런 행복의 수단을 다양하게 만들어 내 능력을 마음껏 발휘하는 것을 삶의 목표로 삼았습니다.

🔘 인생 전반에서의 워라밸을 생각하자

앞서도 이야기했지만, 저는 일을 '할 수 있을 때 많이 하자'는 생각을 가지고 있는 사람입니다. 20~30대에 주어지는 기회의 횟수와 나이가 들어가면서 갖게 되는 기회의 횟수는 다릅니다. 물론 나이가 들어서도 다른 영역에서 예상하지 못한 기회를 얻게 될 수도 있지만, 미래를 예측하는 것은 불가능하기 때문에 지금 일을 더 하는 게 낫겠다고 생각했습니다.

일하는 시간을 줄이고 취미를 즐기며 일상을 만끽하면서도 인생을 잘 꾸려나갈 수 있다면 가장 좋겠지요. 그러나 경제적 자유를 하루 빨리 얻기를 바란다면 일을 할 수 있는 현재 더 많은 일을 해야만 합니다. 그렇다고 매일 쉬지 않고 일에만 몰두하라는 것은 아닙니다. 허비하는 시간을 줄이자는 뜻입니다.

많은 사람이 '시간이 없다'는 말을 하는데, 저는 그 핑계만큼 구차한 변명은 없다고 생각합니다. 우리는 생각보다 많은 시간을 그냥 흘려보내고 있습니다. 시간을 잘 운용하는 것도 능력입니다.

자, 그럼 워라밸을 조금 더 길게 놓고 볼까요? 인생 전체를 놓고 계획을 세워 보자는 것입니다. 과연 내가 앞으로 얼마나 더 일을 할 수 있을지 생각해 보세요. 또 내가 다양한 일을 시작하면 그 일을 현재 속에서 어떻게 끌고 갈 수 있을지, 언제쯤 원하는 수준에 도달시킬 수 있을지 청사진을 그려 보세요. 계획을 세운다고 100% 다 계획대로 되지는 않겠지만, 일과 삶의 로드맵을 그려본 사람과 그렇지 않은 사람은 차이가 날 수밖에 없습니다. 계획을 세워 보면 길이 보이고 그 안에서 자신이 어떻게 해야 할지 어렴풋하게나마 방법을 찾을 수 있을 것입니다.

결국 관점의 차이입니다. 워라밸이라는 단어를 두고도 이렇게 다른 관점으로 생각할 수 있습니다. 빠른 경제적 자유를 원한다면, 경제적 자유가 아니더라도 지금보다 더 심적으로나 경제적으로 여유를 얻고자 한다면 워라밸에 대한 정의도 다시 내려야 합니다. 나만의 정의를 만들어 보세요.

여러분의 삶과 그것을 더 윤택하고 풍성하게 만들어줄 일을 찾으세요. 그것이 당장 돈을 벌어다 주는 일이 아니라도 괜찮습니다. 돈은 따라오는 것이지 좋아야 하는 대상이 아닙니다. 일과 삶의 균형을 스스로 잘 만들어 내면서 일을 통해 자신감과 자존감을 채워 봅시다. 그리고 진정한 워라밸은 일을 열심히 했을 때 만끽할 수 있다는 사실을 잊지 마세요!

07 고민은 짧게,
행동은 빠르게

지금 이 글을 읽고 있는 여러분이 이 책을 집어 든 이유가 N잡러가 되는 방법이 궁금해서일 수도 있고, 과연 이 사람은 어떻게 이렇게 여러 직업을 갖게 되었는지, 또 돈은 얼마나 벌었는지 궁금해서일 수도 있겠습니다. 혹 그 밖의 다른 이유가 있다면 무엇인지 몹시 궁금하네요.

결론부터 이야기하자면 N잡을 시작한 뒤로 가장 많은 직업을 가진 경우는 5개였습니다. 그리고 그 일들로 인해 수입은 직업이 하나일 때보다 적게는 3배 많게는 5배까지 늘어났습니다.

그러나 제 경우는 굉장히 운이 좋은 케이스라고 생각하니다. 유튜브를 시작했는데 수익화가 되지 못하고, 수익화를 했을지라도 너무 미미하여 수익이라고 부르기 어려운 수준이 될 수도 있습니다. 사업도 마찬가지입니다. 1년 넘게 사업을 했는데도 매출이 나오지 않는 경우도 있고, 심지어 마이너스가 날 수도 있습니다.

다만 저는 이전에 단기적인 사업을 통해 실패와 좌절을 경험한 적이 있습니다. 그때 얻은 노하우를 바탕으로 지금의 사업을 지속할 수 있었고 유튜브나 다른 직업에도 도전할 수 있었습니다. 분명 포기하고 싶었던 순간도, 괜히 시작했나 싶은 순간도 있었지만 끈기 있게 밀어붙였습니다. 그것이 가능했던 것은 제 목표가 '수익'에만 있지 않고 그 일에서 얻는 부가적인 가치에 있었기 때문일 겁니다. 돌이켜 보면 그런 태도가 전반적인 삶의 질을 높여주었고 목표를 달성하는 데 도움을 준 것 같습니다.

이제는 주변에 N잡을 하는 사람들을 심심찮게 볼 수 있습니다. 하고 싶은 일이 많아서, 혹은 다양한 능력을 보유한 탓에 세상이 가만히 두지 않아서인 경우도 있습니다. 하지만 지금보다 돈을 더 벌기 위해 시작한 사람들이 가장 많습니다. 월급만으로는 살기 힘든 시대이다 보니 당연하다는 생각도 듭니다.

만약 여러분이 한 푼이라도 더 벌고 싶어서 N잡러의 삶을 시작했다면 당연한 이야기지만, 지금보다 뭔가를 더 해야만 합니다. 일반 직장인이라면 퇴근 후나 주말에 일을 해야 하고 프리랜서라면 적극적으로 일을 찾아 나서야 합니다. 무작정 아무 일이나 하라는 것이 아닙니다.

앞서 이야기했듯, 큰 로드맵을 그 보고 자신이 할 수 있는 것을 찾고 지속하려는 의지를 키워가며 일해야 합니다. 이렇게 말하는 저 역시 N잡러이기는 하지만 아직 '프로' N잡러는 아니라고 생각합니다. '프로'라는 단어가 들어가려면 그 분야에 있어 전문적인 경지에 이르러야 하는데 아직은 그럴 단계는 아니라고 생각하기 때문입니다.

그렇습니다. 여전히 저는 '프로'는 아닙니다. 그러나 아마추어로서 그동안 제가 다양한 직업들을 이끌어 온 모습을 지켜본 지인들은 대단하다고 칭찬합니다. '대단하다'는 것이 거창한 일을 해서가 아닙니다. 그저 생각으로만 그칠 수 있는 것을 행동으로 실천하고 지속했기 때문에 그런 말을 들을 수 있었습니다.

자, 지금 머릿속에 떠오르는 것이 있나요? 그 생각을 밖으로 꺼내세요. 행동으로 옮기세요. '지금은 바쁘다', '나중에 하겠다'는 핑계를 댈 생각이라면 차라리 지금 이 책을 덮는 것이 좋습니다. 책을 읽는 이 시간도 아깝습니다. 어떻게 생각을 행동으로 옮기는지 모르겠다고요? 그게 쉬우면 벌써 했을 거라고요? 그렇다면 저는 어떻게 생각을 행동으로 옮길 수 있게 되었을까요?

사실 타고난 성향도 영향을 미치는 것 같습니다. 감사하게도 저는 추진력이 있는 편인데요, 감사하다고 표현한 것은 제 삶에 있어서 이 추진력과 행동력이 많은 것을 이루는 데 도움이 되었고, 특히 N잡러로서 가장 크게 도움이 된 능력이기 때문입니다.

조금 더 빨리 경제적 자유를 얻기 위해, 혹은 다양한 일을 통해 삶의 이유와 자신의 꿈을 실현하기 위해, 그 밖에 여러 이유로 사람들은 N잡러가 되겠다고 생각합니다. 하지만 막상 그것을 행동으로 옮기는 경우는 드뭅니다. 회사에 종일 묶여 있다가 집에 오면 당연히 아무것도 하기 싫어지고, 주말이면 쉬고만 싶을 것입니다. 막상 쉬더라도 머릿속으로는 '아, 뭐라도 더 해야 하는데'라는 생각을 합니다.

편히 쉬지도 못하고 이런 생각을 하며 누워 있을 바에야 과감히 일어나서 작은 것부터 시작하세요. 평소 하고 싶었던 것을 막연하게만 생각하지 말고 인터넷으로 조사하고, 필요하다면 현장에 나가 경험하세요. 실천하지 않으면 머릿속에 있던 아이디어는 사라지고, 행동하지 않은 자신을 자책하며 지나간 시간을 후회하게 될 것입니다.

특히나 몸이 힘들면 더 움직이기 싫어지기 마련이지만, 그럴 때일수록 억지로라도 내 몸을 일으켜 세워 행동하게 해야 합니다. 그리고 그 행동에 적절한 의미를 부여하고 작은 성취라도 그 기쁨을 맛보면서 일을 더 확장해 나가야 합니다.

요즘에는 유튜브를 봐도, 서점에 가도 '무엇을 해서 한 달에 얼마 벌기'라는 식의 이야기가 참 많습니다. 그들의 이야기를 듣고 있노라면 공통된 점은 열심히 조사하고 구상한 것에서 그친 것이 아니라 그것을 실천했다는 것입니다.

운이 좋았다고 표현할 수밖에 없을 만큼 제 경우에도 '사람들이 내 쇼핑몰을 어떻게 알고 구입하지? 내 유튜브를 어떻게 알고 시청하지?'라는 생각을 한 순간들이 있었습니다. 그러나 아무리 운이 좋아서 얻은 결과라고 해도 제가 무언가를 생각하고 그것을 행동으로 옮기지 않았다면 얻을 수 없었을 겁니다. 무엇이든 꿈꾸고 있는 것이 있나요? 그럼 행동하세요. 지금 당장 말입니다.

PART 2

잠든 사이에도
쌓이는 수익

유튜버 편

유튜브가 돈이 된다는 사실을 아는 사람은 많을 것입니다. 하지만 돈이 되기까지 지속하는 게 어렵습니다. 또 채널이 자리잡은 후에도 어려움은 계속 생깁니다.

월급 외 파이프라인으로 지속가능한 채널을 만들기 위해서는 어떻게 해야 할까요?

채널 개설부터 유지까지 무엇을 고민하고 실천해야 할까요?

01 유튜버 데뷔, 절대 어렵지 않다

의외라고 생각할 수도 있지만, 처음 유튜브 영상을 만들게 된 것은 순전히 우연이었습니다. 낡아서 버릴까 말까 고민했던 명품 가방이 하나 있었습니다.

여느 날과 다르지 않았던 주말, 손으로 무언가 만드는 것을 좋아하는 터라 가죽용 물감과 붓을 이용해 그 가방을 리폼해야겠다고 결심했습니다. 그리고 불현듯 이것을 영상으로 찍으면 좋겠다 싶었고 삼각대를 작업대 쪽에 고정한 뒤 마카쥬(핸드 페인팅) 작업 과정을 찍기 시작했습니다. 유튜브에 올려봐야겠다는 생각을 계획적으로 하고 촬영을 한 것은 아니었지만 어쨌든 첫 영상이 그렇게 만들어졌고, 스마트폰으로 촬영과 편집을 하고 자막을 입힌 뒤 제 유튜브 채널에 첫 영상으로 업로드했습니다. 이후 이어지는 2탄 영상을 업로드한 뒤 구독자가 1단위로 올라가는 것을 보았습니다. 그렇게 제 유튜브 채널은 소소하게 '개국'을 했습니다.

▬▬ 편집은 어떻게?

업로드하는 것부터 시작해 썸네일 만들기, 채널 아트 만들기는 모두 유튜브 선배님들이 올려둔 영상과 블로그 글을 참고했습니다. 유튜브를 시작하고 싶은 지인들은 종종 "유튜브 어떻게 해? 이건 어떻게 만들어?"라고 저에게 묻는데요.

사실 저도 처음부터 잘 알고 시작한 것은 아닙니다. 인터넷 창을 여러 개 띄워두고 포털 사이트와 유튜브에 하나하나 방법을 찾아가며 공부하면서 채널을 만들어 나갔습니다. 친절하고 세세하게 소개된 블로그 글이 참 많더군요. 도움이 많이 되었다는 감사를 이 지면을 빌려 전합니다.

고백하자면, 저는 포토샵이나 PC용 편집 프로그램을 전혀 다루지 못합니다. 언론영상학을 전공했으나 언론학에만 집중해 편집에는 문외한이나 마찬가지입니다. 그러니 유튜브 편집과 채널 운영은 저에게 완전히 새로운 영역이었습니다. 이런 제가 2년 넘게 유튜브 채널을 운영하고 있네요. 영상을 제작하고 편집하는 데 남의 손을 빌리지도 않고요.

썸네일은 어떻게 제작했냐고요? 초창기에는 PPT(파워포인트)를 이용해 제작했습니다. 〈망고보드〉를 이용해 글자를 하나하나 제작해 붙여넣었고, 이미지 사이즈는 그림판으로 1280×720px로 만들었습니다. 이러한 아날로그적인 방식은 이후 〈미리캔버스〉라는 온라인 편집기를 활용해 쉽고 빠르게 만들고 있습니다.

편집은 처음부터 지금까지 스마트폰으로 하고 있습니다. 〈VLLO〉라는 앱을 유료 버전으로 사용하고 있는데, 기본적인 자막부터 효과 등 원하는 작업이 가능해 편하게 사용하고 있습니다. 안드로이드 버전보다 iOS버전이 더 사용하기 편하다는 점은 참고하세요.

제대로 된 썸네일도 만들기 어려워 차선책으로 PPT를 이

〈망고보드〉 홈페이지 화면

용해 이미지를 만들고, 컴퓨터로 편집하는 게 어려워 스마트폰으로 편집을 해왔지만 다행히 채널은 자리를 잡았습니다. 현재는 3만 5천 명이 넘는 구독자와 함께하고 있습니다.

◯▬ 나만의 페이스를 지키자

2018년 12월 31일. 첫 영상 업로드 일자를 정확히 기억하고 있습니다. 감사하게도 그날 이후 2년 넘게 꾸준히 성장하고 있지만, 처음부터 이런 결과를 예측하고 유튜브를 시작한 것은 아닙니다.

대부분의 유튜브 채널 운영자들이 그럴 테지만, 제 경우에도 결코 순탄치는 않았습니다. 채널의 이름도 한 차례 바뀌었고 다루는 주제도 바뀌었습니다. 유튜브에 채널을 개설하자마자 엄청나게 높은 조회수와 수익 창출, 엄청난 구독자를 얻으며 실버 버튼과 골드 버튼을 금세 받는 유명인들의 행보를 보며 비교하던 때도 있었지만, 그렇게 하면 유튜브를 오래 하지 못할 것 같아 제 페이스대로 끌고 갔습니다. 생각해 보면 저의 몇만 구독자 또한 제 노력에 알고리즘의 선택이 어느 정도 관여한 것 같습니다. 아무튼 첫술에 배부르려 하면 유튜브 채널은 오래 운영할 수가 없으니 막 시작하셨다면 천천히 본인만의 색깔을 찾아가면 좋겠습니다.

⬤▬ 꾸준하게, 그러나 현명하게

앞서 이야기했듯, 우연히 리폼 영상을 찍어서 올린 것을 계기로 얼렁뚱땅 채널을 만들었는데요. 사실 이것도 오래가지 못했습니다. 무엇을 더 리폼해야 할지 몰랐기 때문입니다. 한마디로 채널의 정체성이 흔들린 것이지요.

다른 사람들이 브이로그를 많이 찍으니 '나도 한번 해 볼까' 하는 생각에 '아나운서 브이로그'를 찍어보았지만 조회수는 참담했습니다. 그 후로 저는 유튜브를 분석하기 시작했습

여러 가지 일을 해내려면 마라토너처럼 꾸준해야 합니다.

하지만 분명 힘든 순간이 오면 포기하고 싶어집니다.

누구나 시작할 때에는 의지로 가득차 있습니다.

니다.

업로드된 영상 중에서 조회수가 평균적으로 높은 주제를 찾아보니 IT기기 리뷰가 눈에 띄었습니다. 그래서 시험 삼아 당시 출시 예정이었던 삼성 갤럭시 스마트폰의 스펙에 대한 내용을 정리해 영상을 만들었습니다. 예상대로였습니다. 제 영상의 평균 조회수보다 10배 가까이 높은 조회수를 단기간에 달성했습니다. 하지만 문제는 또 있었습니다. IT분야가 제 전공이 아니었기 때문에 지속할 수가 없었죠.

그렇게 채널을 어떻게 꾸려가야 할지 고민하다가 결국 제가 잘 아는 것, 제가 잘 해왔던 것을 하기로 결정했습니다. 그리고 채널명을 〈여도은 앵커의 돈 되는 돈TV〉로 바꾸고 경제

유튜브 〈여도은 앵커의 돈 되는 돈 TV〉 화면

관련 이슈, 재테크, 주식 등 돈과 관련된 이야기들로 채워 나가기 시작했습니다.

만약 여러분이 유튜브 개설을 고민하고 있다면 무엇을, 어떻게 할 것인지 고민만 하지 말고 일단 '시작'하라고 이야기하고 싶습니다. 그래야 유튜브가 어떤 곳인지 체감할 수 있고, 자신의 구독자들이 어떤 니즈(needs)가 있는지 파악할 수 있습니다. 그러면서 꾸준히 할 수 있는 콘텐츠를 지속해서 탐구해 나갈 것을 권합니다.

아마 제가 처음 유튜브 영상을 올린 후 계속 '리폼' 콘텐츠에 집착했다면 제 채널은 이미 사라졌을지도 모릅니다. 유튜브를 시작하는 것보다 유지하는 것이 어렵다는 이야기를 많이 들었기 때문에 무조건 계속 업로드하는 것에만 집중하는 분들이 있는데, 꾸준히 하더라도 그때그때 현명한 선택을 할 필요가 있습니다.

처음의 방향과 다른 선택을 해야 할 시점이 오면 과감하게 도전하고 또 다른 길을 모색하면서 '유연하게 지속'하면 좋겠습니다. 그렇게 하다 보면 어느새 나만의 색깔을 가진 채널과 든든한 구독자들이 생길 것입니다.

02 장비 욕심은 금물! 3만 원이면 충분하다

방송국에서 일을 하다 보니 유튜브를 시작하자 채널에 대해 훈수를 두는 이들이 생겼습니다. 특히 PD 중 한 명은 하나부터 열까지 피드백을 주었습니다.

하루는 인터뷰 현장에서 그 PD와 마주쳤는데 스마트폰으로 촬영을 하는 저를 보고 "카메라 좀 사. 언제까지 스마트폰으로 찍을거야."라며 콘텐츠가 아닌 장비에 대한 지적을 했습니다.

그러나 저는 채널이 수익화 될 때까지, 그리고 그 수익이 장비를 살 정도가 되기 전까지는 절대 장비를 늘리지 않겠다고 다짐한 터라 잘 버텨냈습니다.

채널 운영 초반에는 집에 있는 삼각대에 쓰고 있던 스마트
폰을 꽂아두고 마이크 하나 없이 시작했고, 그 후 브리핑 영
상을 만들며 오디오의 부족함을 인지하고 2만 원대 핀 마이
크를 하나 샀습니다. 그리고 아이폰의 내장 카메라는 저의 민
낯을 너무나도 노골적으로 보여줬기에 예쁘게 나왔으면 하는
마음에 3만 원대의 작은 조명도 구입했습니다. 그러나 결국
구입한 장비 중에서 지속적으로 사용했던 장비는 '핀 마이크'
하나 뿐이었습니다.

카메라를 구입한 건 유튜브를 시작하고 1년 반이 넘었을
때 일입니다. 드디어 유튜브 수익으로만 장비를 살 수 있을 정
도가 된 것이죠. 유튜브용으로도 좋고 사진 촬영용으로도 좋다
는 70만 원대 DSLR 카메라를 인터넷 최저가로 구매했습니다.
당시 저는 쇼핑몰 운영을 병행하고 있었기에 제품 사진을
찍을 카메라가 필요했습니다. 그래서 사진 촬영과 영상 촬영
이 둘 다 잘되는 카메라를 알아보았습니다. 그러다 유튜버용
으로 구성된 세트가 있다는 것을 알게 되어 그 세트 제품을
구입했습니다.
카메라 구입비는 유튜브를 시작하고 나서 쓴 가장 큰 비
용이었습니다. 그리고 3년 차가 된 지금도 저는 여전히 그때
산 카메라와 핀 마이크, 삼각대 이렇게 세 가지 장비를 사용

해 유튜브 채널을 꾸려가고 있습니다. 참고로 인터뷰 영상 촬영은 주로 DSLR을 사용하고 혼자 촬영할 때는 스마트폰으로 찍기도 합니다.

시작하려면 장비부터?

유튜브를 시작하는 단계에서 어떤 '장비'를 구입할지부터 고민하는 사람들이 있습니다. 절대로 미리 값비싼 장비를 구입하지 말라고 당부하고 싶습니다.

약 3천 명의 구독자가 생긴 무렵이었습니다. 우연히 '유튜브 운영'에 대한 강연 요청이 들어왔고 그렇게 유튜버로서 첫 강연를 하게 되었습니다. 금융 분야 유튜브 채널을 개설하고자 하는 성인을 대상으로 한 강연이었습니다. 저는 그 강연에서 유튜브를 어떻게 처음 시작했고 왜 이 분야를 택했는지, 초기에 필요한 작업은 무엇인지, 또 유튜브를 운영하면서 느낀 점과 노하우 등을 한 시간 정도 이야기했습니다.

그런데 참여한 분들 중 대다수가 콘텐츠 아이디어 얻는 법이나 채널 주제 정하는 방법 등을 궁금해 하기보다는 무엇으로 제작을 해야 하는지 즉, '장비'에 대해 더 궁금해 했습니다. 가장 많았던 질문이 '초기 비용'과 '어떤 장비가 필요한가'였는데 그 질문에 대한 대답은 간단했습니다.

"장비는 촬영은 스마트폰으로, 오디오가 다소 중요한 영상이라면 저렴한 핀 마이크를 사용하세요. 그것만으로도 충분합니다."

현재 저는 4가지 핀 마이크를 갖고 있는데요. 처음 아이폰에 맞는 핀 마이크를 구입했고, 그 후에는 갤럭시용 마이크를 하나 더 구입하게 되었습니다. 또 DSLR을 구입한 후에는 그에 맞는 핀 마이크를 구입했고, 인터뷰 영상을 촬영하기 위한 2인용 듀얼 핀 마이크를 구입했습니다. 그리고 보니 유튜브를 하면서 가장 다양한 장비를 구비한 게 '마이크'네요.

제 채널은 소리가 잘 전달되어야 하는 콘텐츠라서 기기와 상황에 맞는 마이크를 구입하게 되었습니다. 지금까지 가장 많이 사용한 마이크는 듀얼 핀 마이크입니다. 혼자 녹화할 때는 마이크를 모두 착용하면 되고, 인터뷰를 할 때는 나눠서

TIP 실제 구입한 장비들

마이크	BOYA 이어폰 BY-DM1 (아이폰용) BY-M1 (갤럭시용)
카메라	캐논 EOS 200D Ⅱ
편집	VLLO 유료 버전 (최초 1회 구입 후 계속 사용 가능. 안드로이드보다 아이폰에서 편집하기 더 편리함)

쓰면 되니 편리합니다. 딱 하나만 사겠다면 듀얼 핀 마이크를 추천합니다. 오디오 장비는 욕심을 내면 한도 끝도 없습니다. 스피커에 관심이 있는 분이라면 무슨 이야기인지 알 것입니다. 그렇기 때문에 어느 정도 타협이 필요합니다. 2만 원대 듀얼 마이크로도 충분히 구독자들이 듣기에 적당한 소리를 잡아줍니다. 물론 음악 관련 채널 등 소리가 중요한 콘텐츠를 다룬다면 이야기가 달라지겠지만요.

🔘 스마트폰도 좋은 도구다

카메라도 사지 마라, 핀 마이크도 저렴한 것을 사용하라고 하니 의구심이 드나요? 제 이야기가 설득력이 부족하다면 더

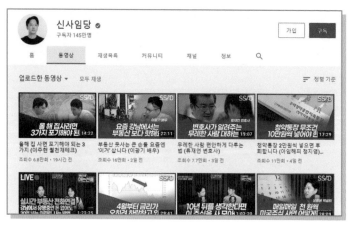

유튜브 〈신사임당〉 화면

영향력 있는 인물을 예로 들어 보겠습니다.

140만 명이 넘는 구독자를 보유한 유명 유튜버 '신사임당' 님은 구독자가 100만 명이 넘었을 당시에도 '갤럭시 노트'로 영상을 찍었다고 합니다(2020년 겨울 기준). 영상을 보신 분들은 알겠지만, 〈신사임당〉 채널에 올라오는 영상의 퀄리티는 굉장히 훌륭합니다. 물론 조명이 설치되어 있긴 하지만, 조명은 거들 뿐이지 영상의 질을 높여주는 직접적인 원인은 아닙니다. 저도 몇몇 영상은 갤럭시 스마트폰으로 찍어보았는데 매우 퀄리티가 좋았습니다. 저는 조명도 없었는데 휴대폰 카메라의 자체 기능으로 피부톤까지 조절이 되어 마치 보정을 한 것 같은 효과도 보았습니다.

100만 유튜버도 스마트폰으로 잘 찍고 저렇게 잘 운영하는데 이제 막 시작하려는 여러분이 초기에 과도하게 지출을 한다면 오히려 시작부터 부담만 커질 것입니다. 비용을 많이 썼으니 결과가 빨리 나오지 않으면 기운도 빠질 것이고요. 그렇기 때문에 처음 시작할 때에는 최대한 비용을 아끼고 가벼운 마음으로 하는 것이 좋습니다.

초기 비용을 줄이고 줄인다면, 아니 아무것도 없이 쓰고 있는 스마트폰 하나로 시작한다면 초기에 들어가는 비용은 0원이 될 수도 있습니다. 여기에 목소리가 잘 들어가야 하는 영상이라면 2만 원대 핀 마이크 정도만 추가하면 되겠네요.

삼각대까지 추가해도 1만 원 정도만 더 쓰면 되니 초기 비용은 3만 원이면 될 것 같습니다. 초기 비용이 부담되어 유튜브를 시작하지 못하고 있었나요? 가볍게 만 원짜리 3장으로 시작해 보세요.

장비를 무엇을 써야 할지 모르겠어서 고민된다면 쇼핑 사이트에 '핀 마이크'를 치고 자신의 스마트폰에 맞는 제품을 골라 구매하시면 됩니다. 1만 원대부터 다양한 제품이 있을 것입니다. 삼각대도 실내 촬영이라면 저렴한 걸로도 충분하니 선택은 여러분에게 맡기겠습니다.

무언가를 시작할 때 다 갖추고 시작하려는 마음을 버리셨으면 합니다. '인생은 장비발'이라는 말을 하기도 하지만, 장비가 '필수적인' 것은 아닙니다. 좋은 콘텐츠를 만드는 것, 일단 시작하는 것이 더 중요합니다.

03 콘텐츠는 어떻게 만들어야 할까?

🔵 채널명과 정체성에 집착하지 말자

뒤에 이어질 〈PART3〉에서 사업 관련한 이야기를 자세히 하겠지만, 저는 '여유'라는 단어를 좋아해서 브랜드도 'YEOYU'라는 이름으로 론칭했습니다. 그러고 보니 유튜브 채널명도 초기에는 〈여유 TV〉였네요. 채널명에 비해 콘텐츠들은 전혀 여유롭지 않았습니다. 하루종일 붓질과 가위질을 하며 가방과 운동화를 리폼했으니까요.

이후 경제 콘텐츠를 다루면서 〈여도은 앵커의 돈 되는 돈 TV〉로 이름을 바꾸었습니다. 제 이름 '도은'을 빨리 발음하면 '돈'이 되기도 했고 경제 이슈, 재테크, 창업 등의 이야기가 결국 '돈'과 관련된 이야기라 채널 이름을 그렇게 정했습니다.

사실 이름이 너무 길어서 다시 개명을 할까 싶기도 했습니다만, 이름만 바꾸는 것이 큰 의미가 없을 듯해 그대로 채널명을 유지하기로 했습니다.

◖▬◗ 콘텐츠의 변화는 당연한 것이다

채널명을 바꾼 것처럼 제 콘텐츠에도 조금씩 변화가 있었습니다. 처음 리폼 영상으로 시작해 경제와 관련된 주제로 옮겨갔고, 경제 관련 주제 안에서도 그때그때 다른 카테고리의 내용을 다루게 되었습니다. 매일 방송을 하면서 '주식'에 관한 이야기를 많이 하다 보니 저는 주식, 특히 해외 주식에 관심이 많았습니다. 그래서 채널에 '미국 주식' 관련 영상을 만들어 올리기 시작했습니다.

처음 미국 주식 영상을 올렸던 2019년만 해도 대중들이 미국 주식에 엄청난 관심을 가질 때가 아니었습니다. 그래서 첫 영상은 초기 반응이 크지 않았습니다. 그러나 그 후 몇 개월이 지난 뒤, 그 영상은 알 수 없는 알고리즘의 선택과 많은 이들의 관심으로 조회수가 많아졌습니다. '미국 주식 시작하는 방법'이라는 이 영상 하나로만 유입된 구독자가 제 채널의 절반 이상이 넘었습니다.

그 후로 저는 구독자들이 원할 법한 미국 주식 관련 영상을 만들기 시작했고 '미국 주식'이 채널의 주요 콘텐츠가 되었습니다. 그리고 '여도은'이라고만 검색해도 유튜브 연관 채널 검색어에 '여도은 미국 주식'이 뜨기도 했습니다.

당시에는 미국 주식 관련 영상만 조회수가 많이 나오는 게 채널의 성격을 한정 짓는 것 같아 좋지만은 않았습니다. 그러나 미국 주식 영상이 인기를 끌면서 그로 인해 저는 다양한 기회를 얻었습니다. 처음 책을 쓰자던 출판사에서도 '미국 주식'을 주제로 하자고 제안을 했습니다. 이렇게 많은 분들이 좋아해 주시기에 다른 주제를 다루면서도 주기적으로 미국 주식 관한 영상을 꾸준히 올리고 있습니다.

◯▬ 콘텐츠의 주제를 정하는 방법

유튜브 채널의 콘텐츠 주제는 구독자들이 원하는 것을 보여 주는 방법과 운영자가 보여 주고 싶은 것을 다루는 두 가지 방법이 있습니다. 가장 좋은 것은 운영자가 하고 싶은 주제가 구독자가 원하는 주제와 일치하는 것이겠지만, 제 경우는 달랐습니다. 저는 다양한 이야기를 하고 싶었지만, 미국 주식이 아닌 다른 주제의 영상을 올리면 반응이 미지근했습니다. 심지어 해당 영상 분석 데이터를 보면 구독을 취소한 경우도 있었습니다. 영상의 평균 시청 시간도 상대적으로 짧았습니다.

영상 주제로 고민하는 제게 관련 분야에 있는 지인이 '10만 명이 될 때까지는 구독자가 원하는 주제로 영상을 계속 만들고 10만 명을 넘으면 네가 원하는 영상을 만들라'고 조언했습니다. 그때는 구독자들이 제가 어떤 영상을 만들어도 봐줄 거라고요. 결국 충성 구독자, 즉 팬을 먼저 만들고 나서 원하는 것을 하라는 말이었죠. 저는 그 말에 힘을 얻어 꾸준히 미국 주식에 관한 영상을 만들고 있습니다.

그러나 10만 명이라는 구독자를 금방 만들 수 있는 것이 아니기에 때로는 의욕이 떨어지기도 했습니다. 그래서 저는 타협점을 찾았습니다. 미국 주식 콘텐츠를 다루면서 동시에 제가 원하는 주제의 영상도 함께 올리기로요. 물론 두 가지를 다 하려면 체력적으로도 힘들고 또 반응이 있는 영상에 집중할 때보다 구독자가 늘어나는 속도도 떨어지겠지요. 하지만 이렇게 하니 만족감도 어느 정도 채울 수 있어 저에게는 더 맞는 방법 같습니다. 어서 10만 명의 구독자가 생기기를, 또 제가 전하는 다양한 이야기에 많은 분들이 공감해 주기를 소망해 봅니다. 실버 버튼이여! 어서 오라!

🔘 우선 시작하고, 꾸준히 유지하라

앞서 말했듯 유튜브는 얼마나 '지속'하는지에 성패가 달렸다고 해도 과언이 아닙니다. 최근에 중고 거래 사이트에 유튜브 관련 장비를 내놓는 글이 많이 늘었다고 합니다. 그만큼 쉽게 생각해 가볍게 시작했으나 생각보다 반응이 없으니 실망하고 포기해 버리는 이들이 많다는 방증일 것입니다.

저 역시 초기 3개월 동안 구독자 수가 30명이 넘지 못했습니다. 30명의 구독자도 가족과 친구들이었을 겁니다. 수익 신청을 하려면 구독자 1,000명을 달성해야 하는데, 그 숫자를 채우는 데 7개월 정도가 걸렸습니다. 어떤 이들은 하루 만에도 달성하는 숫자인데 말이죠.

몇 개월도 안 되어서 소위 '대박 채널'이 탄생하는 걸 보면서 힘이 빠진다는 이야기를 하는 분들이 많은데, 사실 그런 경우는 드뭅니다. 꾸준히 자신이 하고 있는 것과 할 수 있는 것을 하세요. 그러다 보면 채널을 어떻게 운영해야 할지, 구독자들이 무엇을 원하는지 알게 될 것입니다. 소위 '촉'이나 '감'이라고 하죠. 하지만 그것은 하루아침에 이루어지지는 않는다는 점을 꼭 명심하길 바랍니다.

자신이 할 수 있는 것을 다 했다면

성공은 하늘에 맡기자.

아니, 알고리즘에 맡겨야 하는 건가?

04 구독자 1,000명? 그보다 중요한 것

초기에 유튜브를 시작하고 나서 가장 많이 찾아본 내용은 '구독자 1,000명 만들기'와 '시청 시간 4,000시간 채우기'였습니다. 수익화를 위해서는 구독자 1,000명 돌파와 함께 4,000시간이라는 시청 시간이 누적되어야 했기 때문입니다.

구독자 1,000명 달성

제 채널의 구독자가 1,000명이 된 것은 2019년 여름이었습니다. 구독자가 800명 정도였는데 갑자기 하루에 세 자릿수로 구독자가 늘어나더니 단 며칠만에 1,000명이 된 것입니다. 당시 유튜브 채널을 운영하고 있던 후배는 구독자 수

1,000명을 달성했지만 시청 시간 4,000시간을 채우는 데 어려움을 겪고 있었습니다. 반대로 저는 4,000시간은 진작에 채웠지만 구독자 1,000명을 채우는 데는 반년이 넘게 걸렸습니다.

그래서 수익은 얼마나?

드디어 영상에 '광고'가 붙을 수 있다니! 진정한 유튜버가 된 것 같아 기뻤습니다만, 첫 수익은 아주 소소했습니다.

첫 날의 수익은 단돈 6달러였습니다. 다음날은 더 충격적이었습니다. 2달러. 저는 수익 발생이 시작되면 유튜브로 한 달에 100만 원은 가만히 있어도 들어오는 줄 알았습니다. 아주 큰 착각이었던 것이죠. 초반에는 광고로 한 달에 10만 원 버는 것도 굉장히 힘든 일이었습니다.

한동안 저는 구독자가 몇 명이 되면 한 달 평균 수익이 100만 원이 되는지 궁금해 했습니다. 그러나 이런 고민도 전혀 의미가 없는 것이었습니다. 왜냐하면 수익은 철저히 '시청 횟수'와 해당 영상에 대한 '호응도'에 따라 천차만별이었기 때문입니다.

호응도에 관한 기준은 구글 측에서도 명확히 제시하지 않아 정확히 말할 수는 없지만, 알려진 바로는 조회수, 시청 지속 시간, 좋아요, 댓글의 반응 등을 종합적으로 보고 산출한다고 합니다.

이러한 구조로 수익이 만들어지는 탓에 채널의 구독자가 10만 명이라도 평균적인 영상의 조회수가 현저히 낮다면 수익은 매우 적을 수 있습니다.

◯▶ 구독자 수에 연연하지 말자

만약 여러분이 유튜브를 하는 목적이 '수익'에 있다면 구독자 수에 연연하지 마세요. 물론 기본적으로 구독자가 많아야 영상이 노출되는 확률도 높아지겠지만, 그것은 구독자들이 얼마나 충성 구독자인지에 달렸습니다.

가장 중요한 것은 '충성 구독자 만들기'입니다. 충성 구독자란, 쉽게 말하면 매번 새롭게 올라오는 영상을 모두 시청하고 '좋아요' 버튼을 누르고 댓글을 남겨주는 시청자입니다. 물론 열심히 시청하지만 흔적을 남기지는 않는 대다수의 시청자도 충성 구독자일 수 있습니다. 다만 댓글 등으로 소통이 힘들어 정확히 니즈를 파악하기 힘들 뿐이죠.

그럼 충성 구독자를 만들기 위해서는 어떻게 해야 할까요? 오로지 콘텐츠의 퀄리티를 높이는 수밖에 없습니다. 고작 5분, 10분짜리 영상이지만 요즘 구독자들은 재미가 없으면 1분도 견디지 못하고 채널을 벗어납니다.

10만 명이 넘는 구독자가 있어도 영상 조회수가 몇백 회에 머무른다면 그 채널은 질적으로 좋다고 보기 어렵습니다. 당연히 수익도 저조할 수밖에 없겠지요.

그렇다면 영상의 퀄리티를 높이려면 어떻게 해야 할까요? 단순히 좋은 카메라로 영상미를 올리는 게 퀄리티를 올리는 방법이 아닙니다. 채널 및 콘텐츠의 차별화, 그리고 댓글 등으로 구독자와 소통해 그들의 니즈를 채우는 것이 중요합니다.

구독자의 니즈를 채우면 그들이 내 채널과 영상에 더 오래 머물고, 더 자주 찾게 할 수 있습니다. 본인 채널의 장점과 강점을 더욱 키우고 단점을 줄여 나가면서 채널의 색깔을 확실히 하는 것이 좋습니다. 차별화된 나만의 채널을 만드는 노하우는 본인이 노력하기에 달렸습니다. 이는 저 또한 계속 노력하는 부분이기도 합니다. 유튜버가 아닌 한 명의 구독자로 돌아가 본인이 봐도 클릭하고 싶은 영상을 만드는 것이 좋은 채널이 되는 비법이 아닐까 싶습니다.

만약 여러분이 최선을 다해 고민하고 구독자를 수익으로 생각하지 않고 좋은 퀄리티의 영상을 꾸준히 올리고 있다면 이제 남은 것은 하나입니다. '알고리즘의 선택'을 받는 것! 알고리즘의 신이 여러분의 노력에 매번 등 돌리지는 않을 거라고 생각합니다. 여러분의 성공적인 채널 운영을 기원합니다.

05 유튜버는 어떻게 돈을 버는 걸까?

유튜브 영상에 붙는 광고, 브랜드나 기업의 의뢰로 만드는 유료 광고 영상이나 협찬 영상 등으로 유튜버는 수익을 얻을 수 있습니다.

◯ 예측하기 어려운 광고 수익

유튜브의 광고 수익은 업로드된 영상에 광고가 붙으며 발생하고, 그에 따른 수익은 구글과 배분합니다. 이외에도 라이브 방송을 할 때 발생하는 구독자들의 '슈퍼챗'이나 '멤버십' 등으로 수익이 생깁니다. 또 유튜브와 연계하여 '굿즈'를 제작하고 판매하여 수익이 발생할 수도 있습니다.

그러나 이 모든 수익이 구독자가 생긴다고 저절로 만들어지는 것은 아닙니다. 광고의 경우, 현재 기준으로 중간 광고가 8분 이하의 모든 영상에 게재되지만, 어떤 영상에는 광고주의 니즈에 부합되지 않아 영상에 광고가 적게 실리는 경우도 있습니다. 또 광고가 실린다고 해도 모두 수익으로 잡히는 것도 아닙니다.

영상에 함께 게재되는 광고가 몇 개까지 가능한지, 어떤 기준으로 광고 금액이 책정되는지 등은 구글 측에서 공개한 기준이 없어 정확한 내용은 알 수 없습니다. 채널을 운영해 나가면서 대략적으로 유추할 뿐이죠. 1,000명의 구독자와 4,000시간의 시청 시간이 채워진 직후 각자가 받게 되는 일별 광고 수익 역시 모두 다릅니다. 그렇기 때문에 구독자 몇 명이 되면 얼마의 수익이 발생한다는 말들을 그대로 믿을 필요는 없습니다. 광고 이외에 '슈퍼챗'과 '멤버십'의 경우도 마찬가지입니다. 구독자 및 시청자들이 스스로 지불하거나 가입해야 발생하는 수익이므로 이 또한 예측이 어렵습니다.

⬤▶ 기업 및 브랜드의 '유료광고 영상 제작'과 협찬

보통 광고나 협찬의 제안은 몇천 명 정도의 구독자가 생기고 나서부터 들어오기 시작하고 약 1만 명 정도의 구독자가 만들어지면 그 제안은 더 다양해지고 빈번해집니다. 각 채널의 주제별로 제안의 빈도나 광고의 액수는 다릅니다.

경제 관련 내용으로 꾸려가는 제 채널의 경우에는 2020년 한창 투자와 증권시장에 대한 관심이 높았던 시기라 상대적으로 다양한 제안이 있었습니다. 광고 제안 시에는 금액이나 조건을 먼저 제시하는 경우도 있지만, 대다수는 얼마에 광고 영상 제작이 가능한지 묻습니다. 혹은 비용 없이 단순히 제품 협찬을 제안하는 경우도 있습니다.

유튜브를 많이 시청하고 있는 분들은 이미 눈치챘을 테지만 전자 기기, 음식, 쇼핑 관련 영상이 가장 다양하게 광고가 붙는 영역입니다. 이러한 유료 광고 영상은 유튜브 채널을 운영하는 데 있어서 큰 수익원이 되는데, 일정 규모 이상의 구독자가 형성되면 오히려 유튜브 자체 광고보다 유료 협찬을 통한 광고 영상 제작이 더 큰 돈이 되기도 합니다.

지인 중에 50만 명이 넘는 구독자를 가진 유튜버가 있습니다. 제가 구독자 1만 명을 달성한 무렵에 그 친구에게 채널 운영에 대한 상담을 요청한 적이 있습니다. 친구의 경우, 영상 광고 수익은 구독자 수에 비해 적었지만 유료 광고로 버는 수익은 상당히 컸습니다. 많은 달에는 1,000만 원에 육박하더라고요. 초보 유튜버였던 저는 친구 이야기를 듣고는 활발하게 채널을 운영하는 모든 유튜버들이 이 정도의 큰 수익을 광고로 버는 줄 알았습니다. 그런데 그건 제 착각이었습니다. 당연한 이야기지만, 브랜드별로도 채널별로도 단가는 달랐습니다. 구독자 수가 많고 해당 채널에 게재된 영상의 평균 시청 횟수가 높으면 당연히 광고 단가는 높아집니다.

보통 유료 광고 영상의 경우, 적게는 몇십만 원대에서 많게는 몇천만 원의 광고료가 책정됩니다. 모 연예인의 경우에는 한 아파트 관련 체험 영상으로 몇천만 원을 받았다는 이야기가 있습니다만, 이는 연예인이라서 가능한 이야기입니다. 실제로 몇천만 원 수준의 광고비를 받는 것은 극소수입니다.

제 경우에도 유료 광고 영상 제작에 대한 다양한 제안이 들어왔고 주로 금융사나 경제 관련 출판사 쪽에서의 제안이 많았습니다. 그러나 금융사에 쪽에서 일을하고 있으니 다른 금융사 관련 광고 제안을 수락할 수 없었습니다.

꼭 그런 이유가 아니더라도 제안을 무조건 받아들이지는 않았습니다. 유료로 영상 편집비를 제공받는다거나 제품을 제공받은 영상은 지금까지 단 두 건이 전부입니다. 좋은 제안이라고 생각하여 수락하는 경우에는 무료로 진행하거나 구독자분들에게 선물로 나눌 수 있는 방식을 선택했습니다.

◯◼ 광고성 영상의 역기능

앞서 구독자에 대한 글에서도 언급했지만, 저는 구독자와의 신뢰를 쌓는 것이 매우 중요하다고 여겨 광고성 영상을 자주 만들지 않았습니다. 당장 수익에는 도움이 되겠지만 채널의 '지속 가능성'에는 별 도움이 되지 않을 거라는 판단에서였습니다.

다행이라고 해야 할지는 모르겠으나, 3만 명 정도의 구독자를 가진 유튜버에게 제시되는 금액이 크지 않아서 유혹을 쉽게 거절할 수 있었던 것도 사실입니다. 금액이 컸다면 제안을 거절하기 어려웠을지도 모르겠습니다. 간혹 제안을 거절하기 애매하거나 어려울 때는 광고주에게 터무니없는 액수를 역으로 제안하기도 했습니다.

유료 광고 영상의 제작을 되도록 하지 않는 또 다른 이유는 진정으로 제가 '광고'할 만큼 좋은 콘텐츠가 없었기 때문입니다. 채널에 소개를 하려면 적어도 저의 호기심을 자극하거나 구독자분들에게 알릴 만큼 새로워야 한다고 생각하는 편인데, 그렇지 않은 제안은 과감히 거절했습니다. 채널은 구독자와 운영자가 함께 만들어 가는 것이기 때문에 단순히 돈 때문에 광고를 받아서는 안 된다고 판단한 것입니다. 앞으로도 유료 광고 제안이 들어온다면 이러한 저만의 기준으로 선택할 것입니다.

| 유튜브에서 수익 얻는 법 |

1. 유튜브 자체 광고 수익
유튜브와 운영자가
나눠 가지는 수익입니다.

2. 유료 광고 제의 및 협찬
흔치 않은 기회입니다.
그러나 돈만 보고 광고 영상만 만들면
부작용이 생길 수 있습니다.

유료 영상 제작은 고민이 많이 필요한 작업이라고 생각합니다. 아마 채널이 커져 조금씩 광고가 들어오는 중인 분들은 공감하실 겁니다. 부디 채널의 성격을 유지하면서, 또 구독자를 실망시키지 않는 선에서 적절히 제안을 받으면 좋겠습니다. 물론 뒷광고는 절대 금물입니다!

06 업로드된 영상이 가져오는 새로운 기회

제가 유튜버가 되겠다는 생각을 한 건 사실 '수익' 때문만은 아니었습니다. 소위 '빅픽처'가 있었습니다. 사실 처음 〈여유 TV〉라는 다소 간지러운 채널명으로 시작했을 때는 별 생각이 없었습니다. '나도 한번 해볼까'라는 마음이었죠.

나의 영역을 확대하다

어느 정도 채널의 정체성이 '경제 콘텐츠'로 자리잡고 미국 주식 관련 콘텐츠도 많은 반응을 얻자, 저의 채널 운영 목적도 분명해졌습니다.

채널을 운영하는 목적 중 '수익 창출'보다 앞서 있는 것은 유튜브에서의 활동을 바탕으로 제가 일할 수 있는 영역을 더 확대하는 것이었습니다.

채널의 수익화뿐 아니라 그 채널 속에서 지속적으로 노출되고 있는 저의 모습을 좀 더 큰 세상에 선보이고 싶었습니다. 13년 넘게 줄곧 이어왔던 아나운서로서의 커리어와 가치를 조금이라도 더 인정받을 수 있는 작업을 하고 싶었던 것입니다.

지금까지 방송 생활을 하면서 사실 저만의 캐릭터를 살려서 방송을 한다거나 제가 하고 싶은 콘텐츠로 방송을 하는 것이 아닌, 주어진 틀 안에서 일을 할 수밖에 없었습니다.

그러나 유튜브에서는 내 맘대로, 내가 원하는 나의 모습을 보여줄 수 있고, 말하고 싶은 주제와 원하는 이야기를 저만의 방식대로 만들 수 있었습니다. 그렇기 때문에 유튜브 영상에서는 저의 특성이 잘 드러난, 그야말로 '나만의 콘텐츠'를 만들어 낼 수 있었습니다.

유튜브 채널을 운영하기 시작한 후로는 업계 사람들을 만나는 자리에 가면 처음 보는 사람이 '유튜브에서 봤다'고 하는 경우가 생겼습니다. 간혹 '모임에서 네 채널 이야기가 나왔다', '너를 실제로는 모르지만, 네 유튜브를 보고 있다더라'는 말을 전해 듣기도 했습니다.

좋은 시선으로 보는 사람들도 있었지만, 비아냥거리는 사람들도 있었습니다. 어쨌든 이러한 관심 모두 제가 그만큼 열심히 하는 모습을 많은 이들이 보고 있다는 뜻일 겁니다. 그리고 이런 관심 덕분에 여러 새로운 제안과 기회가 생긴다고 생각하면 긍정적인 관심도 부정적인 관심도 감사합니다.

아직까지는 다양한 제안을 한 손에 꼽을 정도로만 받았습니다. 일이 많아서 아쉽게 제안을 받아들이지 못했거나, 혹은 하고 싶은 작업들이었지만 최종에서 불발되기도 했지요.

그러나 언젠가는 '노력과 가치를 인정받으며 내가 원하는 자리에서 내가 원하는 모습으로' 여러 방송을 할 수 있는 날이 올 것이라 믿고 있습니다. 그래서 저는 유튜브 채널을 통해 제 모습을 끊임없이 선보이고 있습니다.

그렇게 소망했던 경제 방송 아나운서로의 삶은 마냥 행복하지만은 않았습니다. 유명하지도 않은, 작은 방송국에서 일을 하던 때를 돌이켜 보면 그저 힘들고 괴로웠던 순간들도 많았습니다. 그저 방송을 할 수 있다는 그 자체에 의미를 두고 일을 했던 것이죠.

2014년 프리랜서로 방송을 다시 시작하게 되면서는 더욱더 냉혹한 현실 앞에서 '방송'에 대한 꿈보다는 나 자신을 지켜야 무엇이든 지속할 수 있다는 것을 절실히 깨닫게 되었습니다. 그러한 저의 마음의 답답함을 해소할 수 있었던 창구가 바로 '유튜브'였습니다.

🔘 꿈은 크게 가지자

언젠가부터 주문처럼 되뇌는 문구가 있습니다. '경제 방송계의 유재석이 되리라'는 것입니다. 제2의 누군가가 되겠다는 말을 싫어하는, 다소 자기애가 강한 스타일이기는 하지만 굳이 유재석 님의 이름을 넣은 것은 그분처럼 대체 불가능하면서 영향력이 큰 사람이 되고자 하는 마음 때문입니다.

'프리랜서 아나운서'는 말 그대로 자유롭게 일을 할 수 있는 아나운서라는 뜻이지만, 실제 프리랜서 생활은 그렇지 못했습니다. 유재석 님은 지상파 3사와 케이블TV에서 요일과 시간대만 겹치지 않는다면 비슷한 주제로 다양한 활동을 할 수 있지만, 제 경우는 달랐습니다.

경제 방송이나 증권사 등에서 왜 그러한 암묵적인 룰이 생겼는지는 알 수 없지만, 프리랜서임에도 여러 방송국이나 증권사에서 동시에 활동하는 것이 제한된 경우가 많았고, 계약 위반이 아님에도 중복으로 일을 하면 눈치를 봐야 하는 상황도 생겼습니다.

아직까지 저는 유재석 님 정도의 인지도나 영향력은 당연히 없습니다. 앞으로도 어쩌면 없을지 모르겠습니다. 그렇다고 시도조차 하지 않으면 아예 그렇게 될 확률은 없겠지요. 유튜브를 비롯해 제가 할 수 있는 활동을 다양하게 이어가다 보면 언젠가는 조금 더 제가 바라는 모습이 될 수 있을 거라고 생각합니다.

'올해까지만 일하고 이 지긋지긋한 프리랜서 경제 방송 아나운서는 그만둬야지.' 하는 생각을 거두게 하고 계속 이 일을 하고 싶게 만드는 원동력은 아이러니하게도 또 다른 저의 직업인 '유튜버'입니다.

혹시 꿈이 현실로 이뤄지지 않는다고 하더라도 괜찮아요.
여러 일에 도전하고 노력한 대가로 '기회'를 얻었고,
그 덕분에 '고인 물'처럼 살아왔던 시간에서 벗어났으니까요.
계속 무언가에 도전하고 성취하는 것이
얼마나 삶을 다채롭게 만드는지, 나를 채우는 큰 힘이 되는지
이제는 잘 알고 있습니다.

PART 3

가볍게 시작하고
뜨겁게 지속하라

사업 편

어떤 분야든 모든 사업은 어렵습니다. 정말
이지 힘든 일이 한두 가지가 아닙니다. 하
지만 분명 도전해 볼 가치는 있습니다. 온
라인 쇼핑몰을 운영하는 것은 사업 중에서
도 접근하기 쉬운 편입니다.

어떻게 하면 소액의 자본으로
자신의 아이디어를 사업으로
만들 수 있을까요?

01 50만 원으로 나만의 사업 시작하기

온라인 쇼핑몰을 맨 처음 운영하기 시작한 건 2013년부터입니다. 네이버에서 블로그를 통해 '온라인 마켓'을 하는 것이 붐이었던 당시, 저도 블로그를 통해 액세서리 판매를 시작했습니다. 그러나 아쉽게도 당시에는 정규직 아나운서로 방송국에 다녔던 시기라 수익이 나쁘지 않았음에도 일을 병행하기 어려워 폐업 아닌 폐업을 하게 되었습니다. 그 후에도 친구와 함께 정식으로 사업자등록을 하고 3개월 정도 의류 쇼핑몰을 하기도 했고, 프리랜서로 방송을 시작하면서는 홀로 온라인 쇼핑몰 사업도 했습니다만, 세 번의 창업 모두 4개월을 넘기지 못했습니다.

⬤▬▬ 실패로부터 배운 것들

세 번의 온라인 쇼핑몰 사업으로 저는 '감당할 수 있을 정도만 초기 투자 비용으로 쓰는 것이 좋다'는 교훈을 얻었습니다. 이전의 사업에서 들인 초기 비용은 모두 50만 원이었습니다. 이른 폐업에도 불구하고 작지만 이익을 보고 마무리가 된 것은 초기 비용을 적게 들인 덕분인 것 같습니다. 만약 초기부터 무턱대고 투자금을 많이 썼다면 타격이 컸을 것입니다. 실패에서 얻은 노하우 덕분에 저는 네 번째 도전 때 론칭한 브랜드 'YEOYU'를 1년 넘게 잘 유지하고 있습니다.

초기 자금으로 50만 원이 적당한지 아닌지는 각자의 상황과 성향 그리고 사업 분야에 따라 다를 것입니다. 5만 원으로 시작할 수 있는 사업도 있지만, 50만 원으로도 시작할 수 없는 분야도 있을 테니까요.

제 생각에 온라인 쇼핑몰은 50만 원이면 충분하다고 생각합니다. 물론 초기 투자금이 50만 원이었지 이후에 들어간 금액까지 따지면 더 크겠지요. 하지만 저는 50만 원으로 얻은 수익을 사업에 투자했기 때문에 비용이 더 든 것은 아닙니다. 예전에는 사업으로 번 돈을 개인적인 즐거움을 위해 썼지만, 이제는 오로지 사업체를 유지하고 발전시키는 데만 쓰고 있습니다.

⬤▬ 잘 버티는 것이 중요하다

이전의 도전과 실패로 제가 깨달은 것은 '잘 버텨 내는 것의 중요성'입니다. 처음부터 성공적으로 브랜드를 키웠다면 더 좋았겠지만, 그렇다고 지난 실패를 후회하지는 않습니다. 배운 것이 많으니까요.

지금 운영하고 있는 YEOYU를 시작할 때의 목표는 그저 '최소한 1년은 유지하자'는 것이었습니다. 다행스럽게도 이 목표는 달성되었고 계속 조금씩 성장하고 있습니다.

사실 혼자서 브랜드를 론칭해서 성장시키는 것은 매우 힘든 일입니다. 그 힘듦을 이겨 내게 만드는 원동력은 바로 '매출'과 고객의 '반응'입니다. 특히 매출은 사업의 유지와 확장에 실질적으로 연관이 있으니 신경이 더 쓰이는 것이 사실입니다. 앞서 이야기했듯 사업은 저의 가장 큰 수입원입니다. 지금은 매출을 전부 사업에 재투자하고 있습니다. 이렇게 하는 것은 고객들을 더 만족시킴과 동시에 YEOYU를 더 안정된 사업체로 만들기 위함입니다. 언젠가는 연구비, 개발비, 제작비를 제외하고도 수익이 많이 남는 때가 오겠지요? 그날을 기다리면서 저도 힘든 순간들을 이겨 내면서 꾸준히 버티고 있습니다.

⬤▬ 천 리 길도 한 걸음부터

무언가에 도전하고 시작할 때 치열하게 고민하고, 꼼꼼히 계획을 세우고, 조사를 한 후 그 일에 뛰어드는 사람이 있는가 하면 일단 행동으로 옮긴 뒤 경험하며 깨닫는 사람이 있습니다. 저는 후자입니다.

온라인 쇼핑몰을 처음 시작할 때, 주변에 온라인 쇼핑몰이나 브랜드를 운영하는 사람이 없었기 때문에 그저 모르는 사람이 운영하는 것을 어깨너머로 보고 배우거나 직접 발로 뛰며 경험을 쌓았습니다. 스스로 체험하는 것만큼 좋은 스승은 없다고 생각했기에 잘 모르는 것은 무조건 자료를 찾아서 공부하고 실전에 적용하며 익혔습니다.

저는 그동안 일을 해오면서 늘 '멘토 같은 사람이 있다면 얼마나 좋을까' 하는 생각을 했는데요. 이렇게 책을 쓰게 된 것도 무작정 실전에 뛰어들어 배우는 것이 얼마나 힘든지 알기에 저처럼 아무것도 모른 채 시작하는 이들에게 도움이 되어주고 싶은 마음 때문이었습니다. 제 글을 통해 미리 시뮬레이션해 보면 좀 더 쉽게 시작할 수 있고 시간도 아낄 수 있으리라 생각합니다. 그러나 한 가지 알아두어야 할 점은 이것은 제 경험을 바탕으로 한 것이기 때문에 100% 적용하기는 어려울 수 있다는 겁니다. 과정과 노하우를 살펴보되 자기 것으

시작은 가볍게 그러나 꾸준히!

로 소화하여 자신의 사업과 상황에 잘 응용해야 합니다. 그렇지 않으면 제가 세 번 실패를 겪은 것처럼 여러분도 힘든 길을 갈 수도 있습니다.

초기 비용은 부담스럽지 않을 정도로 정하고, 사업을 유지하고 성장시키는 데 집중하세요. 잘 모르는 부분은 그냥 '감'으로 하지 말고 꼭 조사하고 발로 뛰면서 알아내기 바랍니다. 첫술에 배부르려 하면 체하기 마련입니다. 천천히, '천 리 길도 한 걸음부터'의 자세로 시작하면 성공할 수 있습니다.

02 온라인 쇼핑몰 시작하는 법

◯◼◼◼ 쇼핑몰 구축하기

두 번째 온라인 쇼핑몰을 만든 무렵이었습니다. 사업 초기였기에 비용을 들여 웹마스터를 고용할 수도 없어 온라인 쇼핑몰을 직접 구축했는데 생각보다 너무 힘들더군요. 주말에도 온종일을 페이지 제작에 매달려야 했습니다. 이미지 수정부터 시작해 인터넷 페이지를 만드는 태그까지 배우려니 온라인 쇼핑몰을 운영 자체가 어려워졌습니다. 새벽에 도매 시장을 돌며 제품을 사입하는 것보다 온라인 쇼핑몰을 구축하는 것이 더 힘들었습니다.

물론 요즘도 여전히 대형 쇼핑몰은 HTML을 이용하여 전문적으로 온라인 쇼핑몰을 구축하지만, 1인이 운영하는 소규모 업체들은 플랫폼을 이용해 간단히 쇼핑몰을 구축하는 경우가 많습니다. 요즘은 HTML을 몰라도 블로그에 글을 올리는 수준으로 편하게 상세페이지 등을 만들 수 있습니다.

◯━ 국내 쇼핑몰 – 블로그페이

현재 제가 이용하고 있는 〈블로그페이〉도 간편하게 온라인 쇼핑몰을 운영할 수 있게 도움을 주는 플랫폼 중 하나입니다. 〈블로그페이〉는 온라인 결제 시스템인 〈페이앱〉과 연동되어 있어 결제와 온라인 쇼핑몰을 동시에 간편히 운영할 수 있는 플랫폼입니다. 요즘은 〈블로그페이〉와 유사한 플랫폼들이 많이 생겨나고 있습니다.

〈블로그페이〉보다 세련된 온라인 쇼핑몰 디자인을 제공

〈블로그페이〉 홈페이지 화면

하는 플랫폼도 있지만, 그런 곳은 대개 초기 가입비가 몇십만 원입니다. 하지만 〈블로그페이〉는 초기 가입비가 없어서 가볍게 시작할 수 있다는 장점이 있지요. 또 따로 결제사업자로 가입하지 않아도 수수료만 내면 연동된 〈페이앱〉을 사용할 수 있고, 수수료도 업계 평균 수준입니다.

하지만 〈블로그페이〉로 쇼핑몰을 운영하다 보면 '디자인'이 아쉽다는 생각이 계속 들 수 있습니다. 아무래도 기본적인 형태로는 브랜드 이미지에 맞는 쇼핑몰을 만들기 어렵기 때문입니다. 그러나 이런 아쉬움은 사업이 확장된 후, 제대로 된 온라인 쇼핑몰로 바꾸는 것으로 달래면 됩니다.

그리고 요즘 고객들은 제품에 대한 정보를 인스타그램, 블로그 등에서 얻고 쇼핑몰은 단순히 결제를 위해 들어오기 때문에 초기부터 너무 신경을 쓸 필요는 없습니다. 세련된 온라인 쇼핑몰은 자금이 충분히 모이고 구축해도 늦지 않다는 뜻입니다. 브랜드 이미지는 SNS 페이지를 통해 얼마든지 만들 수 있습니다.

〈블로그페이〉는 가입 후에 메뉴에 적힌 순서에 따라서 몇 가지 내용을 텍스트로 입력하고 나면 메인 페이지가 만들어지고, 제품 등록으로 들어가 제품명 등과 내용 그리고 옵션을 더해두고, 상세페이지란에 제품의 이미지를 입력하고 상세 설명을 입력하면 그럴 듯한 홈페이지를 만들 수 있습니다. 잘 모르는 부분은 고객센터에 연락하면 친절히 안내해 줍니다. 저도 초기에는 메뉴 이용이 서툴러 상담원의 도움을 많이 받았습니다.

◯◯◯ 해외 쇼핑몰 - 쇼피파이

현재 저는 국내 쇼핑몰 외에도 해외 고객을 대상으로 한 온라인 쇼핑몰을 하나 더 운영하고 있습니다. 해외 쇼핑몰은 〈쇼피파이〉를 이용 중입니다. 제가 이용하는 기본형은 월 이용료가 29달러입니다. 〈쇼피파이〉는 판매되는 물건 가격의 2%를 수수료로 지불하는 구조입니다.

월 이용 금액을 더 높은 가격대로 이용하게 되면 판매 수수료가 점차 낮아지는데, 299달러 요금제의 경우에는 0.5%의 수수료를 지불합니다. 그리고 결제 시스템은 현재 전 세계

〈쇼피파이〉 홈페이지 화면

적으로 이용하기 편리한 〈페이팔〉을 연동해 사용하고 있습니다. 페이팔은 전 세계 어디에서나 안전하게 결제할 수 있기 때문에 저 역시 페이팔을 이용하고 있습니다. 페이팔 역시 결제 금액에 따른 수수료를 지불하며 2%대입니다. 구매자가 결제를 하면 수수료를 제외하고 정산이 되는 방식입니다.

〈쇼피파이〉는 〈블로그페이〉의 '디자인'적인 아쉬움을 채워주는 플랫폼입니다. 기본적으로 선택할 수 있는 온라인 쇼핑몰의 디자인이 세련된 편이라 브랜드 분위기에 따라 다양하게 선택할 수 있습니다.

또 구글에서도 상품 정보가 검색되기 때문에 국내뿐 아니라 해외 시장에서도 제품을 판매할 수 있다는 것이 장점입니다. 아마존 등의 대형몰보다 가입과 운영이 간편하고 규정도 까다롭지 않아 초보 사업자나 개인 사업자가 운영하기에 적합합니다.

이외에도 쇼핑몰을 따로 개설하지 않고 '네이버 스마트 스토어' 등의 소호몰을 이용해 물건을 판매하는 것도 방법입니다. 또 개별 몰을 운영하며 네이버에 연동해 노출을 시키는 방법도 있겠지요. 이렇게 하면 조금 더 많은 곳에 브랜드와 제품을 노출시킬 수 있습니다.

최근 온라인 쇼핑의 추세는 SNS 등을 통해 브랜드의 이미지를 만들어 홍보하고, 쇼핑몰에서 결제하는 것이 일반적입니다. 그렇기에 온라인 쇼핑몰을 만들기 어렵다는 이유로 포기하거나, 쇼핑몰 제작에 비용을 너무 많이 들이지 않도록 합시다. 시작은 간단하게! 첫 관문부터 지치지 않게 말입니다.

국내 및 해외 쇼핑몰을 동시 운영한다면?

사업 초기에 국내와 해외 쇼핑몰을 동시에 운영할 수 있는 플랫폼을 알아보았으나 마땅한 플랫폼이 없었습니다. 직접 쇼핑몰을 구축하는 방법 등 다양한 방법이 있었으나 가장 편리하고 합리적인 방법이 본문에서 설명한 〈블로그페이〉와 〈쇼피파이〉를 함께 이용하는 것이었습니다.

〈블로그페이〉는 가입이 쉽고, 홈페이지 구축이 간단합니다. 〈페이앱〉을 통한 결제 시스템 자동 연동도 매우 편리합니다. 일정 금액이상 판매 금액이 넘어가면 보증보험에 가입하기만 하면 됩니다.

〈쇼피파이〉는 아마존처럼 판매할 각 물품마다 수출을 위한 바코드를 발급받아야 하는 등의 절차가 없어 간편합니다.

03 사업자 등록 및 통신판매업 신고

컴퓨터와 친하지 않으면 사실상 온라인 쇼핑몰을 창업하는 것이 간단한 일만은 아닙니다. 만약 여러분이 포털 사이트에서 검색하고 뉴스를 보는 것 외에는 전혀 컴퓨터를 다룰 줄 모르는 분이라면 선뜻 추천할 수는 없습니다. 물론 의지만 있으면 전혀 불가능한 것은 아닙니다. 천천히, 차근차근 따라해 보면 할 수 있으니 한번 해 보세요.

사업자등록 – 세무서 방문 또는 온라인

실제 사업을 진행하는 단계에서 맨 처음 해야 할 일이 바로 사업자등록과 통신판매사업자등록입니다. 사업자등록은 사업개시일로부터 20일 이내에 해야 하며, 관할 세무서로 찾아가 등록하는 방법과 온라인으로 국세청 사이트〈홈텍스〉를 통해 등록하는 방법이 있습니다. 사업자등록은 인터넷으로 등록하지 않아도 오프라인으로도 가능하기에 컴퓨터와 친하지 않아도 필요한 서류를 잘 갖춘 뒤 관할 세무서를 찾아가면 됩니다.

온라인과 오프라인 모두 사업자등록에 필요한 서류는 동일합니다. 개인 사업자는 사업자등록 신청서(홈텍스 이용 시, 서식에 내용 기입), 신분증 등 정도를 갖추면 됩니다. 보통 개인 사업자등록의 경우, 허가를 요하는 업종은 사업허가증 등을 갖추어야 하고, 업장이 따로 있는 경우에는 임대차계약서 사본과 사업장 도면 등의 서류를 갖추어야 하지만, 온라인 쇼핑몰의 경우에는 본인의 집 주소로 사업장 주소를 대신할 수 있습니다.

단, 전세나 월세로 임대하는 경우에는 집주인과 전대차 계약을 해야 합니다. 보통 주택이나 오피스텔의 경우에는 임대인은 주거 목적으로 임대해 주고 사업자등록 용도로 임대차 계약을 해 주지 않기 때문에 이 부분은 집주인과 사전 협의가 필요합니다. 본인이 임차하고 있는 거주지에 사업자등록을 하는 경우에는 부동산 전대차 계약서 및 전대 동의서 사본을

〈국세청 홈택스〉 메인 화면

추가로 준비하면 됩니다.

　사업자등록은 필수입니다. 만약 등록하지 않고 온라인 쇼핑몰을 운영한다면 가산세가 부과될 수 있고, 지불한 부가가치세 등에 대한 공제를 받을 수 없습니다.

　연간 매출액 기준 4,800만 원이 넘지 않는 판매자의 경우는 간이과세자에 해당하기 때문에 일반 과세자에 비해 부가가치세와 소득세를 덜 낼 수 있습니다. 그리고 연간 매출액이 3,000만 원 미만인 사업자도 부가가치세 납부가 면제되니 꼭 알아두세요.

◯━ 통신판매업 신고 – 관할 구청 방문 또는 온라인

통신판매업 신고도 온오프라인에서 모두 할 수 있습니다. 관할 구청에 방문하여 신고할 수도, 온라인 민원 서비스 사이트 〈정부24〉에서도 신고할 수 있습니다.

〈정부24〉에서 신청하는 경우에는 공동인증서(구 공인인증서)를 준비합니다. 선지급식 통신 판매의 경우 구매안전서비스 이용확인증(본인이 이용하는 온라인 쇼핑몰 또는 결제플랫폼에서 발급 가능) 또는 결제 대금 예치 이용 확인증을 준비합니다. 〈정부24〉에서 검색창에 '통신판매'로 검색을 하면 통신판매업신고 관련 페이지가 뜹니다. 오른쪽에 '신청' 버튼을 누르면 관련 페이지로 연결됩니다. 혹은 메인 페이지의 '자주 찾

〈정부24〉 메인 화면

는 서비스'에서도 해당 페이지로 바로 이동할 수 있습니다. 이후 업체 정보 등 필수 기입란을 채우고 순서에 따라 구비서류를 업로드하면 신청이 완료됩니다.

하지만 이렇게 온라인으로 등록하는 것이 더 어렵게 느껴지는 분들도 있겠지요? 그렇다 사업자등록증 및 관련 서류를 챙겨 관할 구청으로 방문하면 간단히 해결됩니다. 또한 온라인에서 신청을 하더라도 신고증은 직접 관할 구청에 방문하여 받아야 하니 참고하기 바랍니다.

04 쇼핑몰 개설 전 단계별 준비 사항

1단계 - 무엇을 어떻게 팔 것인지 정하기

쇼핑몰을 만들기 위해서는 우선 어떤 제품을 팔 것인지부터 정해야 합니다. 그다음에 제품을 판매할 플랫폼을 선택하도록 합시다. 소호몰을 이용할지, 개별 온라인 쇼핑몰을 만들지 등을 결정했나요? 그럼 선택한 방법으로 쇼핑몰 구축을 준비합시다. 쇼핑몰 구축 시에는 자신이 운영하는 브랜드의 콘셉트 잘 살릴 수 있는 디자인으로 진행하면 됩니다.

2단계 - 사업자 신청, 통신판매업 신고

사업자 신청과 통신판매업 신고는 앞서 설명했듯 온라인

을 이용하면 간편하게 할 수 있습니다. 개별 쇼핑몰을 이용할 시, 일정 금액 이상의 거래가 발생하면 보증보험에 가입해야 합니다. 이 부분은 소호몰에서 안내해 주니 절차에 따라 진행하면 됩니다.

◯◯◯ 3단계 – 제품 사진 촬영, 상세페이지 작성 및 업로드

온라인 쇼핑에서 제품 사진이 얼마나 중요한지 아실 겁니다. 저는 촬영 전에 〈핀터레스트〉 등의 다양한 이미지 플랫폼을 살펴보면서 어떻게 제품을 촬영해야 잘 표현할 수 있을지 고민합니다. 전혀 사진을 찍어본 적이 없다면 무턱대고 찍지 말고 다른 업체들이 어떻게 하고 있는지 보고 아이디어를 얻는 것도 도움이 됩니다. 아이디어가 떠올랐다면 제품을 촬영하고, 제품을 소개하는 상세페이지에 제품 정보를 자세히 적습니다.

◯◯◯ 4단계 – 홍보, 판매, 배송

각 소호몰을 통해 판매하게 될 경우에도 유료로 홍보를 할 수 있습니다. 광고 비용을 얼마나 집행할 것인지 미리 설정해 두는 것이 좋습니다. 인스타그램 등의 SNS는 페이스북과 연계해야 광고 집행이 가능하므로 미리 브랜드명으로 페이스북 '페이지'를 만들어 둡시다.

1단계: 기획 단계

⬇

2단계: 사업자 등록, 통신판매업 신고

⬇

3단계: 제품 사진 촬영, 상세페이지 작성 및 업로드

⬇

4단계: 홍보, 판매, 배송

판매할 제품의 포장을 어떻게 할 것인지도 정해야 합니다. 고객이 상품을 받았을 때 만족할 수 있는, 제품이 손상되지 않는 포장법을 마련합시다. 방법을 찾았다면 박스, 비닐 등 필요한 소모품을 미리 구입해 둡니다.

또한 어떤 택배사를 통해 배송할지도 결정해야 합니다. 소량의 경우 '편의점 택배'를 이용하는 것이 가격도 저렴하고 편리합니다. 편의점 택배를 이용해 해외 배송을 하는 경우에는 'DHL 익스프레스'를 추천합니다. 제품의 발송이 대체적으로 빠른 편이며 가격도 DHL에 따로 접수할 때보다 저렴합니다. 우체국 택배는 가장 빨리 배송되지만 개별 배송은 다소 비용이 비싼 편입니다.

05 무엇을 팔아야 할까?

　쇼핑몰을 운영하는 사람 중에는 우연히 자녀의 옷을 저렴하게 사려고 도매 시장에 갔다가 창업의 꿈을 키운 사람도 있고, 자신이 만든 물건을 팔아 보고 싶은 호기심에 창업을 시작한 경우도 있습니다. 그만큼 요즘은 창업하기가 쉬워졌습니다. 스마트 스토어, 소호몰로 월급 이상의 수익을 거두는 성공 사례도 심심찮게 들을 수 있습니다.

　모든 분야가 그렇겠지만, 아무리 진입장벽이 낮고 성공 사례가 많다고 해도 모든 사람이 성공하는 것은 아닙니다. 많은 사람이 뛰어드는 분야는 알고 보면 더 치열합니다. 때문에 무엇을, 어떻게 팔아야 할지 진지하게 고민해야 합니다.

⬤▬ 성공하는 아이템 찾기

온라인 쇼핑몰에서 판매할 품목을 결정할 때는 저마다 다양한 기준이 있을 겁니다. 자기가 잘 아는 분야의 상품을 팔수도 있고, 현재 소비자들이 많이 찾는 인기 제품을 팔 수도 있겠습니다.

단순히 대중적으로 인기 있는 품목을 정하는 것도 위험한 측면이 있습니다. 특히 잘 팔리는 물건 중 쉽게 구할 수 있는 물건은 더 그렇습니다. 대충 검색해도 판매하는 상점이 수두룩하게 나옵니다. 그러다 보니 최저가가 아니면 아무래도 판매가 많이 되지는 않습니다.

온라인 쇼핑몰을 성공시킬 수 있는 방법은 다양할 것입니다. 온라인 쇼핑을 창업하기 전에 이 책을 보고 있는 여러분도 '성공하는 아이템'에 대한 유튜브 영상이나 책을 많이 봤을 겁니다. 여러 곳에서 아이디어는 얻을 수 있지만, 그것을 바탕으로 자신의 성향에 맞는 아이템을 단번에 얻기는 생각보다 어려울 것입니다.

어렵사리 팔고자 하는 상품을 정했나요? 그러면 그 제품을 도매 시장에서 구입하여 판매할 것인지 직접 공장에 의뢰해 물건을 받을 것인지도 정해야 합니다. 저는 이전에 실패를 경험하면서 '내가 갖고 싶은 아이템'을 '판매할 아이템'으로 정했습니다. 취향이 곧 브랜드의 정체성이 된 셈이죠. 그래서 지금까지도 도매 시장에서 제품을 구입하는 비율보다 직접 제작한 제품을 판매하는 비율이 큽니다. 특히 의류나 패션 잡화는 차별성이 필요한 영역이라 혹 유사한 분야로 창업을 한다면 고민해 보시기 바랍니다.

◑▶ 스토리텔링의 중요성

치열하게 고민해서 정한 판매 아이템. 이제 잘 파는 일만 남았습니다. 그러려면 고객에게 소개를 해야 합니다. 온라인 쇼핑몰이기 때문에 상품의 장점이 잘 드러나도록 노출해야 합니다. 그렇다면 어떻게 해야 잘 노출될까요?

단순히 제품 이미지만 많이 노출한다고 판매로 이어지지 않습니다. 저는 단연 '스토리텔링'이 중요하다고 생각합니다. 수많은 브랜드와 상품 중에 우리의 것을 왜 구매해야 하는지를 설득해야 하니까요. 그러나 스토리텔링도 '공감'이 되는 포인트를 잘 잡아야 판매로 이어집니다. 고객의 눈에서 매력적으로 보일 만한 요소를 찾아야 하는 것이죠.

이를 위해 제품을 제작하는 동안의 스토리를 정리해 공유하는 것도 좋은 방법입니다. '기획'단계부터 그 목적과 목표를 끊임없이 다양한 모습으로 노출하여 마치 고객들에게 함께 제품을 만들어 가는 기분이 들도록 하는 것이죠.

이러한 스토리텔링이 최근 마케팅 트렌드가 된 것도 바로

'공감'이라는 것이 매우 중요해졌기 때문이 아닐까 생각합니다. 좋은 홍보는 아이템에 대한 창업자의 신념을 전함으로써 고객에서 확신을 주신 것이라고 생각합니다. 이야기꾼이 되어 브랜드와 제품의 매력을 어필해 봅시다.

⬤▬ 어떻게 노출할 것인가?

분명 제품을 노출해서 판매로 연결짓는 데는 인플루언서들이 더 유리하기는 합니다. 그러나 유명인이 아니더라도 온라인 쇼핑몰에 도전할 수 있는 이유는 적어도 노출, 즉 광고의 기회는 누구에게나 있기 때문입니다.

그렇다면 어떻게 제품을 보여 주는 것이 효과적일까요? 제 경우에는 주로 해외 고객을 공략하기 위해 〈핀터레스트〉플랫폼을 이용해 착용 모습과 제품 이미지를 노출합니다. SNS 중에서는 인스타그램이 주요 노출 창구이지만, 〈쇼피파이〉에서 고객 분석을 보면 해외 고객은 주로 〈핀터레스트〉에서 유입되는 경우가 많았습니다. 국내 고객은 네이버 블로그와 인스타그램을 통해 유입되는 비율이 크고요.

이렇듯 '어떻게' 보여줄 것인지를 고민하는 일도 중요하고, '어디에' 선보일지 선택하는 것도 중요합니다. 이왕이면 부지런하게 모든 플랫폼을 활용해 보고, 본인이 사용하기 편리한 것으로 결정하면 됩니다.

◯▬ 나만이 할 수 있는 아이템

제가 2019년에 다시 YEOYU를 론칭하며 세웠던 목표는 가장 만들고 싶었던 '그것'을 만드는 일이었습니다. 그것은 바로 '팔찌'입니다.

개인적으로 굉장히 좋아하는 해외 셀럽이 있는데 10여 년 전부터 그녀는 늘 볼드한 팔찌를 차고 다녔습니다. 저는 그 팔찌가 너무 마음에 들었습니다. 그녀가 밝힌 바에 따르면 그 팔찌는 21살 생일 선물로 받은 것으로 이탈리아의 빈티지 제품이라고 했습니다. 1940년대에서 1950년대 사이에 나온 그 팔찌는 이제는 어디에서도 구할 수 없다고 했습니다.

언젠가 한 지인이 뉴욕 어딘가의 쥬얼리 빈티지 숍에서 그 제품을 봤다고, 그런데 가격이 2천만 원이 넘었다는 이야기를 들려준 적이 있습니다.

저는 그 제품을 구할 수 없다면 직접 만들어 보기로 했습니다. 물론 실물을 본 적이 없기 때문에 사진에만 의지해 제품의 '느낌'을 살려내야 했죠. 어떤 분들은 복제품을 만들려는 것이냐, 디자인을 도용하는 것이냐는 말씀을 할 수도 있겠지요. 그러나 에르메스의 수많은 가방들이 각 브랜드의 정체성을 입고 조금씩 다르게 나오는 것처럼, 저도 원하는 그 디자인에 YEOYU의 색을 입히고 싶었습니다.

없는 그림 솜씨에도 불구하고 팔찌의 디자인을 손수 A4

용지에 그렸습니다. 제작 업체는 말도 안 되는 그 그림을 가지고 컴퓨터 작업으로 멋지게 구현해 냈습니다. 마침내 꿈에 그리던 제품이 실물로 탄생한 것이지요. 그 제품은 이제 YEOYU의 시그니처 제품이 되어 국내와 해외의 고객들에게 판매되고 있습니다.

제품으로 증명하자

요즘 다시 볼드한 디자인의 액세서리가 유행하고 있습니다만, 제가 그 팔찌에 관심을 가졌을 때만 해도 국내에서는 볼드한 액세서리는 거의 판매되지 않았습니다.

하지만 저는 제 취향의 제품을 꼭 만들고 싶었습니다. 그때 제가 단순히 '잘 팔릴 물건'이 무엇인지만 생각했다면 결코 YEOYU의 시그니처 제품은 탄생하지 못했을 겁니다. 어쩌면 무모하다고도 말할 수 있는 도전을 시도할 수 있었던 것은 '확신'이 있었기 때문입니다.

하지만 자기 취향이나 안목에 대한 확신은 말로는 증명할 수 없습니다. 반드시 제품으로 증명해야 합니다. 물론 그 증명이 쉽지는 않을 것입니다.

특히 제품을 제작하는 것은 하루이틀만에 되는 것이 아니니까요. 그리고 만들어 낸다고 해도 대중에게 통하지 않을 때도 많고요.

그러나 판매가 되지 않는다고 하여 실망하여 바로 폐기하거나 포기하지 맙시다. 원인을 분석해야 다음 스텝으로 나아갈 수 있습니다. 반대로 잘 되었을 때도 마찬가지입니다. 무엇때문에 잘 되었는지를 파악해야 앞으로의 사업에 도움이 됩니다. 그렇지 않으면 우연에 기대는 꼴이 되어 사업을 컨트롤할 수 없게 됩니다. 잘 팔렸을 때나 잘 팔리지 않았을 때나 모든 경우를 분석하는 습관을 들이면 시행착오를 점차 줄여나갈 수 있습니다.

무언가를 판다는 것은 굉장히 어려운 일입니다. 타인의 지갑을 여는 일이니까요. 자신에게 확신이 생겼다고 하여 그것이 다른 이에게도 통할 거라고 막연히 믿는 것은 로또를 사는 것과 다름이 없습니다. 사업은 로또가 아닙니다. 하루아침에 대박을 터뜨린 것 같은 사람도 알고 보면 인내하고 노력한 시간이 분명히 있습니다. 충분히 실패하고 다시 도전하기를 반복했기 때문에 성공을 할 수 있는 것입니다. 여러분도 넘어지고 일어나는 과정을 두려워하지 않으셨으면 좋겠습니다.

첫 사업 혹은 첫 프로젝트에 실패했다고 하여, 혹은 판매가 저조하다고 하여 낙담하지 마세요. 오히려 그것이 한 단계 더 성장할 수 있는 계기라고 생각하고 도전의 기회로 삼기를 바랍니다.

위기의 순간에는 기회도 함께 찾아온다는 말이 있습니다. 이 말은 인생뿐만이 아니라 사업에도 그대로 적용할 수 있습니다. 지금 위기를 만난 당신! 더 성장할 기회가 왔습니다!

TIP 물건은 어디서 구할 수 있나?

1. 의류
– 동대문 도매 시장(아이 옷은 남대문에도 의류 시장이 있음)
– 온라인 도매 사이트(검색창에 '온라인 도매' 검색)
– 〈알리바바〉 등 중국 온라인 도매 사이트
– 직접 제작

2. 악세서리, 신발
– 동대문, 남대문 도매 시장
– 온라인 도매 사이트
– 직접 제작(신발은 동대문, 성수동 등지에 제작처가 많다)

*처음 한 달은 모든 시장을 둘러보며 자신의 취향에 맞는 도매 가게를 몇 군데 봐 두세요. 또 해당 업체가 공장을 직접 운영하는지도 확인해 두면 좋습니다. 나중에 비슷한 타입의 제품을 제작할 때 도움을 받을 수 있기 때문입니다.

06 좌충우돌 제품 제작기

맨땅에 헤딩

제품 제작을 하려니 모르는 것 투성이었습니다. 처음에는 무작정 도매 가게를 돌아다녔습니다. 남대문, 동대문 시장에는 액세서리를 판매하는 매장이 셀 수 없이 많습니다. 그 많은 곳들을 빠짐없이 돌아다녔습니다. 거기뿐 아니라 제작하는 곳이 있는 강동, 성수 등의 공장에도 기웃거렸습니다. 비슷한 제품을 판매하는 곳에 가서 원하는 디자인을 설명하며 '이런 제품을 제작하고 싶은데 가능하냐'는 질문을 백 번도 넘게 했습니다.

만약 누군가 제게 제작을 하고 싶은데 어떻게, 어디서 알아봐야 하냐고 묻는다면 "그저 발품을 팔며 돌아다녀 보는 수밖에 없다"고 답변하겠습니다. 단순히 '나도 그랬으니까 너도 그래야 한다'는 말이 아니라 인프라가 없다면 정말 맨땅에 헤딩을 하는 마음으로 이 방법을 써야만 합니다.

🔘 두드리면 열린다

2014년부터 꾸준히 도매 시장을 드나들었지만 2020년이 되어서야 원하는 제품을 제작할 수 있는 업체를 만났습니다. 그것도 다른 분을 통해서였습니다. 이전부터 거래처로 알고 지내던 한 업체 사장님을 만나러 갔다가 팔찌 얘기를 꺼냈습니다. 너무 만들고 싶은 팔찌가 있는데 제작할 곳을 찾지 못했다는 제 말을 듣고 사장님은 한 업체를 알려주셨습니다. 거기에 가면 아마 제작이 가능할 수도 있을 거라는 말을 덧붙이면서요.

저는 그길로 사장님이 알려준 업체를 찾아갔고, 기대하는 마음으로 제품 제작을 문의했습니다. 그곳에서는 당장에 답변을 줄 수가 없으니 며칠 뒤에 연락을 주겠다고 했습니다. 기대를 했지만 그곳에서는 연락이 오지 않았습니다. 하지만 포기하지 않았습니다. 거래처를 돌 때마다 그곳을 찾아갔습니다. 사실 사업을 하면서 저는 '요청'과 '무응답'에 익숙해져 있던 터였습니다. 그래서 명확히 '불가능'이라는 답변을 듣기 전까지는 포기하지 않을 수 있었습니다. .

　며칠 뒤, 담당자로부터 만들고자 하는 제품의 자세한 디자인을 보내달라는 메시지가 왔습니다. 그 담당자가 지금의 YEOYU가 있게 도움을 준 '구 대리님'입니다. 저는 디테일한 사이즈와 원하는 형태를 설명한 글과 직접 그린 이미지를 전송해 드렸습니다. 얼마 후 제품이 컴퓨터 작업으로 만들어졌고, 수정에 수정을 거듭해 완성이 되었습니다.

　간단히 말했지만, 사이사이에 우여곡절이 너무나도 많았습니다. 마음고생과 스트레스는 말로 표현할 수 없을 정도였습니다. 구현하기 까다로운 디자인이라 석 달 넘게 제품이 단 하나도 나오지 못한 적도 있었고, 초반에는 불량률이 높아서 버려야 하는 제품도 많았습니다. 상황이 이러니 제작처에서도 1차 제작 후에는 '도저히 만들 수 없는 제품'이라는 이야기까지 하며 제작을 멈추자고 했습니다. 그러나 저는 포기하고 싶지 않았습니다. 어떻게든 그 작업을 성공시키고 싶었습니다. '진심은 통한다'는 말이 이 상황에 어울리는지 모르겠습니다. 저는 제품이 완성된 것이 제품을 향한 제 진심이 통한 것이라 믿습니다. 그렇게 오랜 진통 끝에 이제는 원활하게 생산할 수 있게 되었습니다.

⬤▬▬ 사람과 사람이 하는 일

이 작업을 하면서 저는 소위 '꿈을 현실로 만들어준 귀인'을 만난 기분이 들었습니다. 현재 YEOYU가 주로 거래하는 제작처는 두 곳입니다. 이 두 곳 모두 제게는 은인 같은 거래처입니다. YEOYU는 대규모로 제작하지 않기 때문에 거래처 입장에서는 제가 돈을 많이 벌어다 주는 큰 고객이 아닙니다. 그럼에도 이렇게 쉽지 않은 제품을 좋은 퀄리티로 제작해 주십니다. 새로운 제품의 샘플을 만들 때도 귀찮은 내색 없이 함께 고민해 주시고 더 큰 브랜드가 되라며 독려해 주셔서 정말 감사하고 있습니다.

모든 일은 결국 사람과 사람이 만들어 내는 것입니다. 때문에 거래처와의 관계가 매우 중요하고, 그것이 제품의 퀄리티를 결정하기도 합니다. 감사한 이들에게 감사의 마음을 표현하는 것, 그리고 그것이 서로에게 전해지는 것만큼이나 좋은 파트너십은 없다고 생각합니다. 때마다 따뜻한 마음을 나누고, 감사를 표현하는 것. 무엇보다 진심으로 감사해 하는 것이 중요합니다. 그리고 이런 마음을 바탕으로 함께 연구하고 제품의 퀄리티를 더 높이고자 지속적으로 노력하는 것이 사업의 성패와 존속을 좌우합니다.

사무실에 찾아갈 때마다 구수한 충청도 억양의 인사로 맞이해 주시는 최 사장님. 왜 또 왔냐고 타박하듯 말씀하시지만, 막상 제품 디자인 회의를 할 때면 누구보다 진지하게 들어주십니다. 그리고 제품이 흡족하게 나오면 저보다 더 기뻐하십니다. 이제는 제 취향까지 알고 먼저 이런저런 모양을 제안하고 여러 재료를 보여 주시기도 합니다. 늘 "여도은 씨가 더 잘돼야지!"라며 응원도 해 주시고요.

바쁜 와중에도 우리 제품을 만들어주시고 함께 고민하면서 든든한 지원군이 되어 주시는 이런 분들 덕분에 저는 사업을 지속할 큰 에너지를 얻습니다. 그 에너지는 다시 제품을 개발하고 브랜드를 운영하는 동력이 됩니다.

아직까지 YEOYU는 다른 기업만큼 다양한 제품을 대량으로 만들어 내지는 못합니다. 그저 할 수 있는 범위 내에서 최대한 신제품을 주기적으로 만들 뿐이지요. 신제품을 구상하고 실물로 구현하기까지 많은 과정들이 필요하지만 가장 중요한 것은 그것을 만드는 '사람'과의 관계입니다.

서로 간의 신뢰가 생기고 그것을 바탕으로 제품의 제작이 이루어져야 좋은 제품이 나옵니다. 그래서 저는 제작처에서 제시하는 가격을 깎지 않습니다. 물론 생각보다 너무 높은 단가를 제시하면 여쭤보기는 하지요. 하지만 분명 그렇게 받을 이유가 있다는 생각을 먼저 합니다. 그리고 이유가 합당하다면 굳이 단가를 낮추지 않고 제대로 잘 만들어 달라고 부탁하는 편을 선택합니다.

결국 우리는 더불어 살아가려 하지 않고서는 아무것도 할 수 없는 존재들입니다. 지금까지도 그랬지만 앞으로도 거래처와의 관계를 위해 노력할 겁니다. 노력이 별거겠습니까. 늘 진심으로 대하는 것이지요. 그런 시간이 쌓이면 제품도 우리 브랜드의 퀄리티도 높아질 것이라 믿습니다.

거래처와 잘 지내는 팁

1. 상황에 대해 거짓말하지 않기

2. 진심으로 감사 표현하기

3. 결제는 미루지 말고 제때 하기

4. 제품 제작비를 너무 깎지 않기

처음 여러 거래처를 헤매고 다닐 때는 거래처 분들이 좀 무섭기도 했습니다. 작은 브랜드라 거들떠보지도 않는 곳도 있었고 때로는 냉대를 받기도 했습니다. 그러나 제게도 이제 여름에는 시원한 커피를, 겨울에는 따뜻한 유자차를 챙겨주는 내 편인 거래처가 생겼고 이것은 사업을 지속하는 데 가장 큰 무기와 희망입니다.

07 실패에서 배우는 것들

　사업을 하다 보면 매출이 잘 나올 때가 있고, 생각보다 매출이 부진할 때도 있습니다. 어떤 제품은 정말 심혈을 기울여 오랜 기간 준비했는데 막상 제품을 출시하자 반응이 미지근해 당황했던 적도 있습니다.

　내 눈에는 예뻐 보이고 제품이 많이 팔릴 거라는 확신이 들지만, 실제로 소비자들은 그렇게 느끼지 않을 수도 있으니 사업이 어려운 것입니다. 그러나 버텨야 합니다. 크고 작은 위기 속에서 어떻게 잘 버티느냐가 그 사업의 유지와 성공에 큰 무기가 됩니다.

　하지만 큰 돈을 들여 사업을 시작하면 사실상 버티기가 어렵습니다. 더욱이 대출까지 받아 창업을 하게 되면 하루하루 불어나는 이자와 원금 상환의 압박에 버티기가 더 어려울 것입니다. 앞서도 말했듯, 그래서 감당할 범위 내에서의 소액으로 시작해 차근히 성장시키라고 이야기하는 것입니다.

물론 자금이 넉넉하다면 처음부터 화려한 라인업을 만들고, 매장을 내고, 큰 금액을 들여 광고해 단기간에 사업을 성장시킬 수도 있습니다. 하지만 이것은 일반적인 방법이 아닙니다. 무엇보다 돈을 많이 들인다고 하여 꼭 그것이 성공한다고 장담할 수도 없습니다. 때문에 소액으로 시작해 그것으로 수익이 발생하면 다시 재투자를 하는 방식을 추천합니다.

⬤▶ 사업으로 번 돈, 사업에 다시 투자하자

저는 사업으로 얻은 수익은 대부분 재투자에 쓰고 있습니다. 예전 같았으면 '날 위한 선물'이라며 갖고 싶었던 물건을 샀을 테지만 이제는 철저하게 벌어들인 수익을 제품 개발비나 제작비에 쓰고 있습니다.

아시다시피 저는 사업 초기 비용으로 50만 원을 들였습니다. 50만 원으로 시작해 100만 원의 매출이 쌓이면 그걸로 또 투자를 하여 수익을 늘려 나갔습니다. 단번에 무언가를 얻으려는 마음은 욕심입니다. 사업이 지속적인 파이프라인이 되게 하려면 장기적인 관점으로 바라보아야 합니다.

온라인 쇼핑몰이 자신의 유일한 수입원인 경우도 마찬가지입니다. 초기 자금이 크지 않다면 무리해서 투자하여 시작하기보다는 허리띠를 졸라매며 조금씩 성장하는 방향으로 나아가야 합니다.

누군가 '시작을 작게 하는 게 괜찮을까?'라고 걱정한다면 단연코 괜찮다고 말해 주고 싶습니다. 다만, 그 작은 시작을 큰 성공으로 만들려는 의지와 인내는 필수입니다. 절대 포기하지 말고, 계속 발전시켜 나가려는 마음과 태도가 가장 중요합니다.

◯◯ 오픈발에 속지 말자

쇼핑몰의 경우 처음 시작하면 지인들이 오픈 소식을 듣고 구입해 주기도 합니다. 그러나 이 매출은 '진짜 매출'이 아닙니다.

저도 이 '가짜 매출'에 속은 적이 있습니다. 쇼핑몰 오픈 후, 첫 1~2개월은 지인 판매로 생각보다 안정적으로 매출이 발생했습니다. 하지만 그 후 매출이 줄어들었고 아무런 대책을 내지 못하고 쇼핑몰을 접었습니다.

이 뼈아픈 실패를 바탕으로 YEOYU를 오픈했을 때는 지인들이 구매한 것은 매출에서 아예 제외시켰습니다. 순수하게 제가 알지 못하는 이들로 하여금 발생한 매출만 산정해서

평가했고, 그것이 얼마나 더 이어지고 증가하는지만 파악했습니다.

'오픈발'을 마치 성공처럼 느끼면 안 됩니다. 진짜 사업이 시작되는 것은 '오픈발'이 끝난 후부터입니다. 저의 실패담을 참고하여 여러분은 같은 실수를 하지 않으시길 바랍니다.

오픈 후 매출이 나오지 않아 걱정이신가요? 사업을 접겠다는 생각을 하지 말고 객관적인 수치를 가지고 분석을 해 보세요. 분명 길이 보일 것입니다.

매출이 줄어드네...
사업을 접을까?

내 사전에 중도 포기란 없다!
포기하지 말고
성공으로 도약하자!

08 충성 고객을 얻는 방법

블로그만 운영하던 초창기부터 저의 제품을 줄곧 구입하는 고객들이 있습니다. 주문서에 그들의 이름이 보이면 고맙기도 하고 신기하기도 합니다.

'저랑 취향이 비슷한 거 같아요'라며 구매 후 매번 인사를 남겨주시는 고객도 있고 해외에서 꾸준히 상품을 구매해 주시는 분도 있습니다. 먼 곳에서 저희 'YEOYU'의 상품을 계속 구매해 주시는 것만 해도 감사한데 그분은 메시지를 통해 제게 감사 인사까지 전해줍니다. 그런 다정한 마음을 만날 때마다 '이렇게 값진 일이 어디 있을까' 하는 생각을 합니다. 그리고 그것은 사업을 지속하는 데 큰 동력이 됩니다.

저는 제품을 디자인하고 제작하는 과정에서 늘 고객의 입장이 되어 보려고 애씁니다. 꾸준히 한 브랜드의 제품을 산다는 것에는 어떤 의미가 있는지 고민하는 것이죠. 역으로 제가 좋아하는 브랜드, 꾸준히 사용하는 브랜드는 무엇인지도 떠올려 봅니다.

우선 나의 취향과 맞는 제품이어야 하고, 제품을 사용했을 때 기대했던 만큼의 만족스러운 퀄리티가 유지되어야 합니다. 이렇게 소비자의 입장으로 돌아가 생각해 보면, 어떻게 해야 할지 답이 분명히 나옵니다.

저는 YEOYU의 제품을 소개할 때, 하나의 아이템으로 모든 것을 아우르겠다는 의미를 담아 'One for All'이라는 문장을 자주 사용합니다. 실제로 YEOYU의 제품은 하나의 아이템으로도 다양한 스타일에 매치할 수 있도록 기획합니다. '다양한 스타일링'은 제가 액세서리를 고를 때 가장 중요하게 생각하는 점이기도 합니다. 해당 아이템을 얼마나 다양하게 활용할 수 있느냐에 따라 그 상품의 가치가 정해진다고 생각하기 때문입니다.

물론 저가로 여러 가지 타입의 액세서리를 구비해 놓는 것도 좋겠지만, 저는 하나를 사더라도 제대로 된 것을 구입해 스타일에 구애받지 않고 멋스럽게 착용하는 것을 즐깁니다. 그러다 보니 자연히 제품 기획에도 그런 가치가 반영됩니다.

우리 제품을 자주 구매하는 분들은 제 가치에 공감하는 분들이 대부분입니다. 충성도가 높은 고객을 만드는 것은 어쩌면 같은 취향의 사람을 많이 만나는 일이지 싶습니다. 결국 사고 싶어야 하니까요. 온라인 쇼핑은 사진이나 영상을 통해서만 제품을 판단할 수 있어 고객을 설득하기가 더 어렵습니다. 따라서 소비자들이 실제로 상품을 받고 더 만족할 수 있도록 해야 합니다. 상품 설명과 실제 상품이 다르다면 그 고객은 다시는 동일 브랜드의 제품을 구매하지 않을 것입니다. 반신반의하면서 구매했더라도 실물을 보고 만족했다면 재구매 확률이 높아집니다. 결국 충성도 높은 고객을 만드는 방법은 정도로 가는 것뿐입니다.

또 하나 중요한 것은 고객에게 감사의 표시를 해야 한다는 겁니다. 물론 고객에게 감사하지 않는 사람은 없겠지요. 표현하는 것이 중요하다는 이야기입니다.

YEOYU를 이용해 주시는 분들 중에 연간 평균 구매 금액이 100만 원을 넘는 고객들이 있습니다. 이 고객들은 따로 VIP로 분류해 고객관리를 하고, 구입시에 상시로 할인 혜택을 부여합니다. 그리고 제품을 구매하는 모든 분들에게 감사의 인사도 전합니다. 진심을 담아서요.

재구매율이 낮아 고민인가요? 문제를 파악하고 계속 고쳐 나가야 합니다. 유사 브랜드에서는 어떤 식으로 고객 관리를 하는지 살펴보고 좋은 방법은 벤치마킹해 보세요. 또 고객들이 원하는 것을 직접 듣는 방식도 좋습니다. 실제로 저는 가끔 고객들에게 전화나 메시지로 의견을 듣습니다. 칭찬을 받았다면 유지하고, 지적을 받았다면 고치면 됩니다.

사업 초기에 중요한 것은 신규 고객 유치보다 단골고객 만들기라는 사실을 잊지 마세요!

어떤 제품을 많이 구입하는지
주 고객층의 연령대와 특징은 무엇인지
어떤 것이 불만인지 등을 살펴서
충성도 높은 고객을 만들자!

PART 4

내 일을 했을 뿐인데
또 다른 일이 생겼다

강사 · 작가 편

출판사나 여러 단체에서 출간 및 강연 제안
을 처음 받았을 때는 참 신기한 기분이 들
었습니다. 저는 그저 본업과 하고 싶은 일
을 꾸준히 했을 뿐인데 말이죠. 그러면서
기회라는 것은 이렇게 우연히 찾아온다는
것, 또 준비된 자만이 그 기회를 잡을 수 있
다는 사실을 깨닫게 되었습니다. 물론 잘
해내지 못할까 봐 두려운 마음이 들기도 했
지만, '내 가능성과 한계를 알고 싶다'는 마
음으로 최선을 다했습니다.

누구에게나 기회는 찾아옵니다.
시작도 하기 전에
겁부터 먹지 마세요.

01 강의는 어떻게 시작할 수 있을까?

　최근 주변에서 어떻게 하면 강의를 할 수 있느냐는 질문을 종종 받습니다. 때로는 강의를 하고자 하는 지인들을 적합한 곳에 추천하는 등 강의를 할 수 있게 연결해 주기도 합니다. 하지만 그러려면 추천하려는 사람이 강사로 준비된 사람인지, 어떤 콘텐츠를 가지고 있는지 알아야 하므로 쉽게 성사되지는 않습니다.

　꼭 추천을 받아야만 강의를 할 수 있냐고요? 당연히 그렇지는 않습니다. 저는 우연한 기회로 강의를 시작하게 되었습니다. 그리고 이러한 기회는 여러분에게도 찾아올 수 있습니다. 아시다시피 기회란 준비된 사람만이 잡을 수 있으니 미리 준비를 해야 합니다. 그래서 저는 여러분에게 찾아올 귀한 기회를 놓치지 않도록, 첫 단추를 잘 꿰도록 도와주고 싶습니다.

⬤▶ 제안 요청을 받다

강의는 어떻게 시작할 수 있을까요? 사실 우리는 누구나 어떠한 분야에서 나름의 전문적인 지식을 쌓아왔습니다. 강의를 하기 위해서는 그러한 전문적 지식을 잘 표현해 낼 수 있는 능력과 누군가에게 그 지식을 전하고 싶은 마음이 있어야 합니다.

더욱이 요즘에는 오프라인에서 강의하는 것을 넘어서 다양한 온라인 강의 플랫폼을 이용해 강의를 하는 사람들이 늘어나고 있습니다. 유명 유튜버들 중에도 온라인 강의 플랫폼에서 강의를 하는 분들이 많습니다.

저도 세 곳의 온라인 강의 플랫폼에서 제안을 받은 적이 있습니다. 하지만 유튜브를 운영하고 있는데 동시에 강연 플랫폼에서 비슷한 이야기를 유료 콘텐츠로 할 만한가에 대한 고민이 되었습니다. 결국에는 아직까지 준비가 덜 되었다는 생각을 했고 그 기회는 잡지 않았습니다. 그러나 만약 준비가 잘 되어 있었고, 충분히 유료 콘텐츠로도 만들 수 있는 내용이었다면 이것 역시나 유튜브 활동에서 파생된 또 하나의 파이프라인이 될 수 있었겠지요.

여기서 우리는 주목해야 할 것이 있습니다. 바로 '기회'는 또 다른 '기회'를 물고 온다는 것입니다. 강연 의뢰는 아나운 서라는 제 본업에서 비롯된 일들이었고, 온라인 강의 플랫폼 도 만약 제안을 받았던 대로 진행을 했더라면 그것 역시나 유 튜브에서 파생된 또 다른 기회가 되었을 것입니다.

◯◯ 강연을 한다는 것

처음으로 누군가의 앞에서 강의했던 것은 아나운서가 되 고 나서 3년 차쯤 되던 해였습니다. 모 신문사에서 개최하는 초중고 학생들을 대상으로 하는 미디어 관련한 캠프였는데, 거기서 저는 '아나운서'라는 직업에 대한 설명과 어떻게 아나 운서가 되었는지 등을 아이들의 시선에서 전해 주었습니다.

첫 강연이라 부담이 되었던 게 사실입니다. 자라나는 아이 들에게 '어떤 이야기를 해야 희망적면서도 현실적인 도움이 될까'도 고민이 되었고요. 그래서 어릴 때 내가 들었더라면 좋았을 것 같은 주제로 이야기를 시작했고, 아이들이 궁금해 할 법한 내용도 함께 담았습니다.

부담을 가지고 시작했지만, 막상 두 시간 가까운 강연을 마치자 말로 표현하기 어려운 뿌듯함이 밀려왔습니다. 또 강 의에 대한 피드백도 좋아서 그다음 해에도 강연을 이어갈 수 있었습니다. 그것을 계기로 지금까지도 저는 이곳저곳 다니며 어린이를 대상으로 하는 말하기 강연부터 청소년을 대상으로 한 아나운싱 강의 등을 하고 있습니다.

이제는 강연 자체에 대한 부담이 처음만큼 크지는 않습니다. 하지만 여전히 무엇을 이야기해야 할지는 고민이 됩니다. 자라나는 새싹들에게 기왕이면 좋은 양분이 될 강연이었으면 싶기 때문입니다. 또 제가 몸담고 있는 분야에 대한 관심이 저로 인해 사라지지 않도록 하겠다는 책임감도 있고요.

⬤▬▶ 강연의 기회, 적극적으로 찾자

제 경우에는 우연한 기회로 강의를 할 기회가 생겨서 그 강연이 또 다른 강연의 기회를 만들어 주었습니다만, 만약 이런 강의의 기회가 찾아오지 않으면 어떻게 해야 할까요? 당연한 이야기겠지만 스스로 찾아 나서야 합니다.

강연 기회를 잡기 위해서는 자신의 본업과 관련 있는 커리어를 관리하는 게 중요합니다. 그리고 당장 강연 기회가 없다면 '무료 강연'부터 시작해 보세요. 온라인 재능 나눔 플랫폼에서 일대일 강의를 시작해 보아도 좋고, 무료 나눔 혹은 재능 기부 등을 통해 강의 경험을 쌓는 것도 좋습니다. 또 자신의 프로필을 온라인 강의 플랫폼에 제안해 보는 것 역시 하나의 방법입니다. 먼저 제안이 들어오지 않는다고 하여 가만히 있지 말고 문을 두드려 보세요.

제 지인 중에서는 자신에게 적합한 자리가 있으면 추천해 달라고 부탁을 해 오는 경우가 있는데, 이런 적극성은 굉장히 필요한 덕목입니다. 주변에 관련 분야에 강의를 하고 있는 사람이 있다면 부끄러워 하지 말고 도움을 요청하세요. 물론 자신이 어떤 분야에서 강의를 할 수 있는지 이력과 포트폴리오를 간략하게라도 정리해 전해 주면 더 좋겠지요.

방과 후 활동 강사로 활동하는 것도 또 하나의 방법입니다. 인터넷 검색창에 '방과 후 교사' 같은 키워드만 입력해도 관련 정보가 많이 뜹니다. 교육청이나 학교에서 따로 지원을 받아 강사를 모집하는 경우도 있고요. 기회는 우리 주변에 항상 있습니다. 그러나 그 기회를 내 것으로 만드느냐 그냥 흘려 보내느냐의 차이인 것입니다.

어느 날 친구가 '강의 요청이 들어왔는데, 잘 할 수 있을지 모르겠다'며 제안을 받아들여야 할지 말아야 할지 고민된다고 하더군요. 사실 그 친구는 평소 강사 활동에 관심이 있던 터였는데 자신이 없어 그런 말을 한 것이었죠. 저는 제안을 수락하기 어렵다면 우선 무료 강의라도 시도해 보라고 조언했습니다.

만약 여러분이 강의에 뜻이 있다면, 누군가를 위해 전하고 싶은 것이 있다면 지금 바로 움직여 보세요. 비용을 받고

하는 것이 부담이 된다면 무료로 강연을 해 보세요. 당장 수익은 얻을 수 없지만, 경험과 노하우를 얻을 수 있어 큰 도움이 됩니다. 자신감이 생겼다면 이제는 자신이 어떤 주제로 강의를 할 수 있는지 정리하고 강의안을 만드세요. 그리고 쉽게 사용할 수 있는 플랫폼을 정해 뛰어 드세요! 여러분의 이야기를 듣고 싶은 사람이 기다리고 있을 겁니다.

⬤▭ 강의 자료 만들기

강의 자료를 만들 때 주로 PPT와 워드 프로그램을 이용합니다. 강의안을 사전에 공유할 일이 있으면 작성한 문서를 PDF로 변환하여 사용하곤 합니다.

강의 자료는 상세하게 모든 내용을 담는 것보다는 키워드나 간결한 문장, 그림 등을 활용하여 구성하는 것이 활용하기 좋다고 생각합니다. 글이 너무 많은 자료는 강의할 때 말을 하는 것이 아니라 강의 자료만 읽게 되는 경우가 많아서 그렇습니다. 청중과의 소통 없이 그저 강의안을 읽는다면 지루한 강의가 될 수밖에 없습니다. 강의 자료에 말하고자 하는 내용의 핵심 키워드만 나열해도 충분히 좋은 강의를 할 수 있습니다. 강의 자료만으로 호기심을 자극할 수 있다면 절반은 성공입니다.

저는 초중고생들을 대상으로 하는 강의 자료가 모두 동일합니다. 짧은 문장과 키워드로만 되어 있기 때문입니다. 같은 자료와 주제를 가지고 대상에 따라 표현을 달리하는 것이죠. 물론 강의 자료를 대상에 따라 다르게 만들어도 좋습니다. 강의 스타일도 그렇지만 강의 자료를 만드는 것 또한 경험을 통해 자신에게 맞는 방법을 찾을 수 있습니다.

 강의, 어떻게 시작하면 좋을까요?
- 온라인 플랫폼에서 강의를 시작해 보세요.
- 지인들 중 강사가 있다면 추천을 부탁해 둡시다.
- 무료 강의부터 시작해 봅시다.
- 방과 후 활동 강사로 지원해 봅시다.
- 자치구의 강사 모집 공고를 확인해 지원합시다. (지역 홈페이지에 지역 주민들을 위한 강의가 주기적으로 개설되므로 홈페이지를 자주 확인하세요.)

02 누구를, 어떻게 가르칠 것인가?

앞서 말했던 첫 강의 이야기를 다시 하겠습니다.

언론사에서 개최한 미디어 캠프에는 초등학생부터 고등 학생까지, 언론사 취업을 희망하거나 그 분야에 관심이 있는 아이들이 모여 있었습니다. 그중에는 '아나운서'가 꿈인 아이 들도 있었습니다. 자신이 관심을 갖는 분야의 강연이므로 아 이들의 집중도는 높았습니다. 덕분에 걱정한 것보다 순조롭 게 강의를 진행했습니다. 그러나 이 첫 강연의 순조로움은 그 저 '초심자의 행운' 같은 거였나 봅니다. 이후 일반 강의를 할 때의 상황은 전혀 달랐기 때문입니다.

언젠가 한글을 읽지도 못하는 6살 유치원생부터 스피치나 아나운싱에는 전혀 관심이 없었던 아이들을 상대로 강의를 한 적이 있습니다. 강의 시간은 2시간이었는데 매주 아이들을 만나러 가기 전에는 '오늘도 에너지를 가득 비축해서 가야겠다.'는 생각을 했습니다. 강의를 끝내고 돌아오는 길에는 늘 '다행히 오늘도 무사히'를 외쳤고 그만큼 아이들이 컨트롤이 쉽지 않아 녹록지 않은 강연이었습니다. 물론, 말은 잘 듣지 않았지만 그 아이들과의 강연도 지금은 추억이 되었습니다. 강연의 대상은 예측 가능한 수준에서 형성될 때도 있지만 이렇듯 예측 불가능한 대상도 있다는 것을 기억해야 합니다. 그래야 저처럼 당황하지 않습니다.

아주 유명한 강사라면, 이러한 상황도 능수능란하게 잘 헤쳐 나갈 수 있을 것입니다. 혹은 컨트롤이 어려운 상황임을 인지해 미리 빠져나갈 수도 있겠죠. 그러나 저의 경우에는 초기 단계에서는 그런 선택의 여지도 없었거니와 일단 모두 경험해 보고자 모두 시도해 봤습니다. 강의 요청이 들어오면 어떤 분야에 관심이 있는 청중인지, 나이는 어느 정도인지 대략적으로는 알 수 있지만 모든 청중을 완벽히 예측할 수는 없기 때문에 현장에 가서야 강의를 진행하면서 그 분위기를 제대로 파악할 수 있습니다.

특히 아이들이 강의를 듣는 경우에는 자발적인 의지로 참

여하기보다는 부모님의 의지로 온 경우도 많아서 강의를 진행하는 데 어려움이 발생하기도 합니다. 스피치나 아나운싱의 경우에는 이론적인 수업보다 실습을 하고 연습을 하는 것이 매우 중요합니다. 때문에 일반적인 강연보다 더 큰 어려움을 겪기도 합니다. 적극적인 태도의 아이들을 가르칠 때는 그렇지 않지만, 가뜩이나 관심도 없고 수업을 듣는 것도 싫은 아이들로부터 말과 행동을 요구하는 것은 쉬운 일이 아니기 때문입니다.

그러나 어쨌든 저는 그 강의에 온 아이들이 무엇 하나라도 느끼고, 배우고 돌아갈 수 있게 할 의무가 있습니다. 좋은 수업은 해당 수업에 관심이 있는 아이들뿐만 아니라 관심을 갖지 못하는 학생들까지 모두 아울러야 한다고 생각합니다. 때문에 그들의 눈높이에 맞추어 최대한 할 수 있는 과제를 주고 그것을 달성하여 흥미를 더 가질 수 있게 돕습니다. 애초에 관심이 없었던 아이가 강의 후반에 눈이 반짝거리는 것을 보면 매우 뿌듯합니다.

◖▬▶ 눈높이 교육의 중요성

아이들의 호응과 흥미를 높이는 좋은 방법 중 하나는 '칭찬'하는 것입니다. 초등학교 저학년 학생들을 대상으로 한 강의를 반년 정도 진행한 적이 있습니다. 이 아이들을 어떻게 가르쳐야 하나 고민에 빠졌습니다. 이 아이들과 2시간 정도 함께 수업을 해야 하는데 일단 그 시간을 함께하는 것 자체가 어려웠습니다. 말을 적극적으로 더 하고 싶은 아이, 입을 한 번도 열고 싶지 않아하는 아이 등 다양한 성격의 아이들이 함께 있었기 때문입니다. 그래서 저는 성향에 맞게 아이들을 대했습니다.

말을 적극적으로 하는 아이의 경우에는 조금 더 조리 있게 말할 수 있도록 교정해 주면서 말하기 능력을 칭찬했습니다. 사실 잘하고 싶어하는 아이를 대하는 것보다는 그 반대의 성향을 가진 아이를 대하는 것이 더 힘듭니다.

내향적인 아이가 목소리를 더 크게 내도록, 말을 한 마디라도 더 하게 만드는 것은 정말 어려운 일입니다. 그래서 저는 아이가 어렵사리 짧게라도 말하면 더 관심을 기울여 주었습니다. 다행히 그 방법이 잘 통했는지 내향적이던 아이는 수업이 끝나갈 무렵에는 태도가 완전히 달라져 있었습니다. 지금도 생생하게 떠오를 만큼 뿌듯한 순간이었습니다. 물론 그 아이가 지금도 자신감 있게 이야기를 잘 하는지는 확인할 수 없지만, 분명한 것은 수업이 진행되는 사이에 '변화'가 생겨났다는 점입니다.

코로나19 발생 이후, 온라인 화상 강의를 진행한 날이 떠오릅니다. 그 수업을 멀리서 지켜보던 저희 어머니가 나중에 저를 보고 걱정스러운 얼굴로 이렇게 말씀하셨습니다. "그렇게 수업하니 진이 다 빠지지."라고요. 실습 수업의 경우는 직접 만나서 해도 어려운데 화면을 통해서 하려니 더 고단했습니다. 하지만 수업을 듣고 난 뒤 아이들의 얼굴에서 즐거움이나 만족감이 보이면 정말 뿌듯합니다.

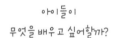

아이들이
무엇을 배우고 싶어할까?

어릴 때 배우면 좋을 내용이
뭐가 있을까?

어떤 것을 알려줘야
실질적인 도움이 될까?

가끔은 전혀 따라오지 않는 학생들을 만나 애를 먹기도 하지만, 그럼에도 계속해서 강의를 이어가는 이유는 바로 이런 마음 때문인 듯합니다.

누군가를 가르칠 때는 부담을 가져야 합니다. 여러분의 강의가 누군가의 인생에 엄청난 영향을 줄 수 있다는 생각을 하면 결코 쉽게 볼 일이 아닙니다.

프랑스 소설가 생텍쥐페리는 "배를 만들고자 한다면 나무와 연장을 주고 배를 만드는 법을 가르치는 대신 넓고 끝없는 바다에 대한 동경심을 키워주라."고 말한 바 있습니다.

여러분이 말하고자 하는 주제에 대해 강의를 듣는 이로 하여금 관심과 동경을 갖게 하세요. 준비한 내용을 쏟아 내는 데 집중하지 말고 강연을 통해 청중의 관점이 바뀔 수 있게 만들어야 합니다. 만약 강의를 듣는 사람들 내면에 배우고자 하는 마음이 든다면 그 강의는 저절로 완성될 것입니다.

03 책을 내는 다양한 방법

책을 출간하는 방법

책을 쓰고 싶다는 마음이 있지만, 출간 제안이 들어오지 않아서 책을 쓰지 못하고 있나요? 방법이 있습니다.

여러분이 출판사에게 직접 제안을 해볼 수도 있고 혹은 직접 책을 만들 수도 있습니다.

지금 이 책은 제 두 번째 책입니다. 첫 책은 2014년, 처음 다녔던 회사에서 퇴사를 준비하면서였습니다. 그 당시 책 프로그램을 진행하고 있던 터라 책을 써 보고 싶다는 생각이 막연히 있었습니다. 생각만 가지고 있던 차에 지인의 소개로 책을 쓸 기회가 생겼습니다. 그러나 이번 책은 달랐습니다.

유튜브를 시작하고 구독자가 2만 명이 조금 넘었던 시기였고, 동학개미운동이 한창이던 2020년 여름이었습니다. 여러 출판사에서 제게 국내 주식이나 미국 주식에 대한 주제의 책을 쓰자는 제안이 왔습니다. 또 온라인 교육 플랫폼과 대형 SNS 플랫폼에서는 내게 주식 투자 교육에 대한 영상을 제작하자는 제안도 했습니다. 온라인 교육 플랫폼의 제안은 여러 이유로 사양을 했고, 출간 제안이 들어온 출판사들과는 미팅을 몇 차례 진행했습니다.

사실 처음에는 출판사의 제안이 신기했지만, 부담감이 앞섰습니다. 책을 한 번도 써 보지 않았을 때는 무턱대고 덤빌 수 있었지만, 한 번 써봤기에 얼마나 힘든 작업이었는지를 알고 있어 두려움이 앞섰습니다.

특히나 내게 주식 투자에 대한 기본서를 써 보자는 제안을 했던 출판사와 미팅을 진행하고 목차 작업을 진행하면서는 그 부담이 더 커졌고 과연 제가 그럴 능력이 되는 것인지 고민이 되었습니다. 결국 지금은 낼 수 없다는 생각이 들어 중단을 했습니다. 당시에는 이미 훌륭한 책이 있고, 그것을 넘어설 나만의 노하우와 방법을 소개하기에는 아직 준비할 것들이 많다고 생각했기 때문입니다. '정리만 잘해 주시면 된다' '유튜브 내용만 글로 잘 옮기시면 된다'는 이야기를 하는 출판사도 있었지만 그 또한 확신이 들지 않았습니다.

나는 그저 열심히 살고 있었는데
어느 날 책을 쓰자는 제안이
들어오기 시작했다!

여러분이 유튜브를 하고 있다면 언젠가 이런 제안을 받는 날이 올 겁니다. 요즘 서점에 가면 경제서뿐만 아니라 다양한 분야의 저자들이 '유튜버'인 것을 확인할 수 있습니다. 사실 유튜브뿐 아니라 어떤 한 분야에서 지속적으로 활동하다 보면 이런 기회는 찾아옵니다. 그러나 스스로가 드러내지 않으면 아무도 모르기 때문에 유튜브든 SNS든 노출을 해야 하는 것이지요.

물론 열심히 살다가 우연히 책을 쓰자는 제안을 받을 수도 있겠지만, 지금 당장 책을 내고 싶은 주제가 있거나 이미 써둔 원고가 있다면 스스로 출판사를 찾아 나서거나 직접 출판을 하는 것도 방법입니다. 그렇다면 이런 경우에는 어떻게 해야 할까요?

종이책? 전자책!

지인의 경우 여러 차례 이직했던 경험을 〈퍼블리〉라는 플랫폼을 이용해 출간하려고 했습니다. 지금은 바뀌었을 수도 있지만, 〈퍼블리〉는 출간하고자 하는 책 내용의 일부를 공개하고 그 책의 출간을 원하는 독자들의 신청률이 일정 수준을 넘기면 온라인 형식의 책으로 출간해 주는 플랫폼입니다.

〈크몽〉 같은 플랫폼에서도 전자책을 스스로 만들어 판매할 수 있습니다. PDF 등의 파일로 제작해 올리면 그 주제에 관심이 있는 사람들이 유료로 다운로드하는 방식입니다. 종이책과는 달리 분량에 크게 부담을 갖지 않아도 되는 것이 가장 큰 장점입니다.

전자책의 또 다른 장점은 돈이 들지 않는다는 것입니다. 그리고 콘텐츠의 값도 마음대로 책정할 수 있고요. 그저 자신이 파일을 작성하고 업로드하기만 하면 됩니다.

예전보다 책 만들기가 훨씬 쉬워진 세상입니다. 수동적으로 출판사의 제안을 기다리지 않고도 부지런하게 움직이기만 하면 작가가 될 수 있습니다. 분명 '출판사에서 내는 종이책'은 메리트가 있습니다. 하지만 우선 소소하게 시작해 보고 싶다면, 또 온라인에서 책을 출간하는 것이 매력적이라고 생각된다면 도전해 보시기 바랍니다.

**04　책을 내기 전에는
몰랐던 것들**

⬤ 책 출간으로 돈을 번다?

처음 책을 쓸 때만 해도 잘 몰랐던 것은 바로 인세에 대한
부분이었습니다. 인세의 구조, 기준 등을 출판사로부터 전해
듣고 나서야 '책을 팔아서 돈을 많이 버는 사람은 정말 극소
수구나.' 싶었습니다.

물론 이전 책도 그랬지만 이번에도 돈을 많이 벌겠다는 생
각으로 책을 쓰지는 않았습니다. 책이 많이 팔리면 당연히 좋
겠지만, 어지간히 팔려서는 놀랄 만한 수익을 얻을 수 없다는
것을 알기에 일찌감치 그런 마음은 접었거든요. 그래서 만약
누군가 돈을 벌 생각만으로 책을 쓰려고 한다면 차라리 쓰지

말라고 하고 싶습니다. 책을 쓴다는 것은 생각보다 훨씬 더 많은 시간과 노력이 필요한 작업이기 때문입니다. 하지만 책을 쓰게 되면 그에 따른 강연의 기회가 생기기도 하고 그 책 주제에 대한 다양한 기회가 부가되기도 합니다. 나무(인세)를 보지 말고 숲(기회)을 보기 바랍니다.

종이책 출간이 아닌 온라인 출판의 경우는 다를 수 있습니다. 오히려 전자책 등의 온라인 출판은 종이책보다 더 빨리 돈이 될 수 있습니다. 물론 이것도 잘 팔렸을 때 가능한 이야기이지만요.

온라인 출판의 경우 책의 가격을 내 맘대로 책정하고, 그 수익이 온전히 내 것이 됩니다. 만들어진 책의 저작권은 온전히 내 것이 되며 그것으로 인해 발생하는 수익 역시 일부 플랫폼 수수료를 제외하고는 온전히 내 것이 됩니다. 하지만 우리가 인지하는 '책'이라는 형태를 갖춘, 종이로 된 형태의 책을 만들겠다면 이야기가 달라집니다.

예전 생각이 납니다. 첫 책을 출간하고 나서 책을 쓰면서 힘들었던 순간과 생각보다 잘 팔리지 않아서 출판사에 미안했던 시간이 있었습니다. 그런데 그것을 잊고 또 이렇게 책을 쓰고 있네요. 첫 책을 내고 나서는 앞으로는 스스로 고생을 자초하지도 않고 민폐를 끼치지도 말아야겠다고 다짐했지만, 인간은 망각의 동물! 고생을 자초하고라도 나의 이야기를 들려주고 싶은 마음, 분명 누군가에게 도움이 되리라는 믿음 때문에 또 다시 책을 쓰게 되었습니다.

혼자서 N잡을 준비하고 만들어 가면서 '길잡이가 될 만한 누군가가 있었다면 좋겠다'고 생각한 적이 있습니다. 언니처럼, 친구처럼 누군가 조언해 주고 응원해 주었다면 어땠을까요? 힘들어서 그만두고 싶고 흔들리고 휘청거릴 때 이러한 누군가의 앞선 행보가 힘이 되고 위로가 되지 않을까요?

막막한 시작에 작은 불빛이라도 되어줄 수 있다면 좋겠다는 마음으로 저는 제가 겪은 일과 그 과정에서 느낀 바를 이렇게 글로 옮기고 있습니다. 그리고 그동안 잘 버텨 온 나의 이야기를 잘 정리해 스스로 얼마나 노력해 왔는지를 차곡차곡 기록해 두고 싶기도 했고요.

◯ 책을 쓴다는 것의 의미

이처럼 책을 쓴다는 것에는 다양한 의미가 있습니다. 출간을 하면 이력에 '저자'라는 새로운 경력이 생기고, 이 경력은 또 다른 기회를 만들어 내기도 합니다. 책을 보고 강연을 제안해 오는 곳도 있습니다. 그러면 더 많은 사람들과 이야기를 나눌 기회를 얻게 됩니다. 출판이 여러 기회의 통로가 된다는 것을 생각하면 그것은 돈 이상의 부가 가치를 만들어 내는 소중한 일이라고 할 수 있습니다.

또 내 책이, 내가 쓴 한 줄이 누군가에게는 위로가 되고 인생에 영향을 미칠 수도 있습니다. 미약하지만 제가 전하는 위로와 응원의 메시지가 누군가에게는 지칠 때 일으켜 세우는 힘이 될 수 있다고 생각하면 기쁩니다. 종종 저의 첫 책의 한 구절을 블로그나 SNS에 남기는 분들, 메시지를 보내오는 분들을 보면 책 쓰기를 잘했다는 생각이 듭니다.

앞서 이야기했지만, 책으로 엄청난 돈을 버는 건 극소수입니다. 돈이 목적이면 책을 쓸 시간에 사업이나 유튜브를 하는 편이 낫습니다. 그러나 돈과 더불어 인생에서 의미 있는 것을 만들고 싶다는 마음이 있다면 책을 써도 좋습니다. 같은 이야기를 반복하는 까닭은 책을 쓰는 데는 엄청난 고통이 따르기 때문입니다.

온라인 출판이 종이책보다 낫기는 하지만, 힘들기는 마찬가지입니다. 간단하게 만들어 업로드할 수 있는 주제는 아무래도 'ㅇㅇ하는 방법'입니다. 이미 그런 제목의 책이 참 많습니다. 비교적 쉽게 쓸 수 있는 주제이지만, 막상 누군가에게 노하우를 정리해서 전하려면 공이 많이 듭니다. 전차책도 책이기에 방법이 정말 옳은지, 과거와 달라진 부분은 없는지 공부도 하면서 써야 하지요. 그렇지 않고서는 판매도 잘 안 될뿐더러 책을 쓴 시간이 후회로 돌아올 수도 있습니다.

사실은 저도 누군가에게 제 경험과 생각을 들려준다는 게 가끔 부끄러울 때가 있습니다. 심지어 사라지지도 않는 책으로 저의 이야기가 남겨진다는 것은 더욱 부담이 됩니다.

또 '내가 마냥 잘 살아온 것도 아니고 책을 쓸 만큼 대단한 사람도 아닌데 책을 써도 될까' 하는 생각이 발목을 잡기도 하고요. 그러나 그럴 때면 저는 첫 책의 독자들을 생각합니다. 독자들이 제게 보낸 다정한 메시지나 책을 읽고 힘을 얻었다며 올려준 글을 떠올리면서 그런 두려움과 부담감에서 벗어납니다.

따뜻한 밥이 식탁 위로 올라오면 우리는 그 쌀이 누군가의 땀과 노력으로 만들어졌는지, 어떤 과정을 거쳐 여기까지 왔는지, 밥을 짓는 사람이 어떤 수고를 했는지는 크게 생각하지 않습니다. 그저 자신의 허기를 채우기 바쁘죠.

그러나 밥 먹는 것이 중요하다는 걸 모르는 사람은 없습니다. 밥을 먹어야만 우리는 살아갈 수 있는 에너지를 얻을 수 있으니까요.

책을 쓰는 사람은 쌀을 만들고 그 쌀로 밥을 짓는 사람이 아닐까 싶습니다. 누군가는 그 책을 읽고 마음의 에너지를 얻게 되니까요. 그래서 저는 이렇게 글을 쓰고 책을 만드는 일을 하고 있나 봅니다.

배고플 때 먹는 맛있는 한 끼처럼

제가 쓴 글이 누군가의 텅 빈 마음을

든든히 채워주기를 바랍니다.

책은 마음의 양식!

맛있게 꼭꼭 씹어 드세요.

말하듯이 전하는 오디오 플랫폼

요즘은 〈팟빵〉, 〈팟캐스트〉, 네이버 〈오디오클립〉 등의 플랫폼에서 누구나 쉽게 오디오 콘텐츠를 즐길 수 있습니다. 사용자가 아닌 제작자가 되는 데에도 특별한 조건이 필요하지 않기 때문에 원한다면 누구나 유튜브에 영상을 올리듯 오디오 플랫폼에 자신만의 오디오 콘텐츠를 올릴 수 있습니다.

유튜브를 하기에는 부담스럽고, '나는 글보다는 말을 더 자연스럽게 잘 할 수 있다'고 생각하시나요? 아니면 전자책을 만들기는 했는데 좀 더 많은 이들에게 전달되는 플랫폼을 찾고 있나요? 그렇다면 저는 오디오 관련 플랫폼을 적극 추천하고 싶습니다.

저 역시 오디오 플랫폼을 운영하고 있는데요. 매우 간단하게 하고 있습니다. 이미 저는 유튜브를 하고 있기 때문에 유튜브에 올릴 영상을 찍은 후 오디오만 추출해서 네이버 〈오디오클립〉에 업로드를 합니다. 오디오용에 맞지 않는 영상은 동시 업로드를 하지 않지만 대부분의 영상의 경우에는 오디오만 재가공해서 업로드하는 방식을 쓰고 있습니다.

네이버는 워낙에 검색 환경이 잘 구축되어 있기 때문에 콘텐츠가 노출되는 빈도도 높습니다. 게다가 〈오디오클립〉은 일정 수준 이상의 구독자가 모이면 월급처럼 돈이 지급되기도 합니다. 유튜브처럼 쉽게 구독자를 모을 수는 없지만 제대로 키우면 유튜브보다 수익률이 더 좋을 수도 있습니다.

네이버 〈오디오클립〉 채널 화면

〈팟빵〉의 경우에는 유튜브처럼 '광고'가 붙어야 수익화가 가능합니다. 물론 초기부터 광고가 붙기는 쉽지 않습니다. 그러나 이 두 플랫폼은 모두 유튜브 같은 영상 플랫폼보다 제작이 간편하고 더 쉽게 접근해 볼 수 있다는 장점이 있습니다. 그리고 대본 등으로 사용한 자료를 잘 정리해서 블로그에 업로드하거나 이를 이용해 책을 만든다면 그야말로 다방면으로 콘텐츠를 재가공할 수 있어서 효율적입니다.

저는 이 방법을 비슷하게 활용 중입니다. 유튜브를 통해 영상을 만들고 그 대본을 차곡차곡 모아두었죠. 물론 주식과 관련된 거라 언제 쓸 수 있을지는 모르겠습니다. 그리고 그 영

〈팟빵〉 오디오북 화면

상을 유튜브에만 업로드하는 것이 아니라 수익이 발생하는 모든 플랫폼에 올립니다. 특히 〈네이버 TV〉에는 웬만하면 함께 업로드합니다. 〈네이버 TV〉는 〈네이버 경제M〉메인에 오르게 되면 노출수가 많아지는 장점이 있기 때문입니다. 실제로 광고 단가는 〈네이버 TV〉가 유튜브의 1/10 수준이지만, 홍보 효과가 커서 간과할 수 없는 플랫폼입니다.

자신의 직업, 취미, 관심사와 관련된 정보를 혼자만 알고 있지 말고 어딘가에 남기세요. 요즘은 그게 돈이 되는 세상입니다. 그중 오디오 콘텐츠는 말하기 연습의 기회로도 삼을 수 있어 매우 좋습니다. 대본 없이 몇 가지 키워드를 준비해 자신의 생각을 이야기해 보세요. 앞에 누군가 있다고 생각하면서요. 왜 자꾸 오디오 플랫폼을 추천하느냐고요?

잘 생각해 봅시다. 아마 유튜브를 보기만 하는 분들은 없을 겁니다. 무슨 말이냐고요? 유튜브를 '보기만' 하는 게 아니라 라디오처럼 '듣는' 분들도 있다는 뜻입니다. 또 예전에는 아이들이 영어 동화를 듣는 정도로만 오디오 콘텐츠에 대한 수요가 있었지만, 요즘은 책을 읽기 힘든 성인들이 출퇴근 시간을 활용해 소설, 인문학 등 다양한 장르의 책을 '듣고' 있습니다. 앞으로도 그 수요는 점점 더 많아질 것입니다. 제 말을 못 믿겠다고요? 그럼 네이버에서 굳이 오디오 플랫폼을 따로 론칭을 한 이유를 생각해 보세요.

또 유튜브를 하고 싶은데 카메라 앞에서 말을 하기 어려운 분들에게도 오디오 콘텐츠 제작은 좋은 대안이 될 수 있습니다. 조용한 방에서 혼자 녹음하고 간단하게 오디오 편집 프로그램으로 틀린 부분이나 잡음을 정리하면 됩니다. 영상을 편집하는 것보다는 훨씬 수월합니다.

게다가 따로 녹음기 같은 장비를 구입하지 않아도 됩니다. 스마트폰에 내장된 마이크로도 충분히 음질이 좋기 때문입니다. 처음부터 굳이 좋은 소리를 위한 마이크를 구입할 필요는 없습니다. 앞서 장비가 중요한 게 아니라고 말씀드렸죠? 굳이 마이크가 필요하다면 스마트폰용 이어폰에 있는 마이크를 사용하세요. 실제로 저도 급하게 녹음할 때는 이렇게 합니다.

혹시 본인의 목소리나 말투가 성우나 아나운서 같지 않아서 망설이고 있나요? 전혀 그럴 필요가 없습니다. 우리는 이미 평범한 목소리에 익숙합니다. 바로 유튜브 때문이죠! 이미 유튜브를 통해서 아나운서나 성우, 배우가 아닌 평범한 이들의 말투와 목소리를 많이 접했기 때문에 대중은 다양한 목소리에 대한 거부감이 거의 없습니다.

다양한 플랫폼이 생겨나는 것을 보면서 '아, 이런 것도 있었구나' 하고 지나치지 마세요. 채널을 만들고 짧게라도 녹음해서 여러분만의 콘텐츠를 만들어보세요. 생각보다 재밌을 겁니다!

오디오 콘텐츠 만들기에 필요한 것

스마트폰과 조용한 환경.

이 두 가지면 오디오 콘텐츠를 만들 수 있습니다.

편안하게 이야기를 녹음해도 좋고, 대본을 써서 읽어도 됩니다.

오디오 콘텐츠는 틀린 부분만 잘라내면 되기 때문에 편집도 간

단합니다. 음악이 필요하다면 유튜브 스튜디오의 오디오 라이브

러리의 저작권 없는 음원을 활용해 보세요.

PART 5

열심히 벌어
안전하게 불리자

재테크 편

열심히 N잡으로 돈을 벌었나요? 그렇다면
이제 그 돈을 잘 모으고 불려야 합니다. 자
신이 번 돈을 잘 관리해야 '완성형 N잡러'가
될 수 있습니다. 힘들게 번 돈을 잘못된 투
자로 잃지 않도록 자신의 재테크 습관을 점
검하고, 성공적인 투자를 위해 꾸준히 공부
해야 합니다.

지금부터 어떻게 해야
자산을 잘 지키고 불려나갈 수
있는지 살펴봅시다.

01 탕진잼? 재테크는 마인드셋이 먼저다

평범한 직장인이 10년 넘게 꾸준히 회사를 다니면 돈을 얼마나 모을 수 있을까요? 만약 월 100만 원씩 오로지 적금으로만 돈을 모은다고 합시다. 단순하게 계산해 보면 이자를 제외하고 원금만 1억 2천만 원이 됩니다. 그럼 제가 10년 차 직장인일 때 1억 2천만 원이 있었냐고요? 아니요, 부끄럽지만 없었습니다.

사실 저는 처음부터 재테크나 N잡에 관심이 있었던 건 아닙니다. 주식은 조금 했지만, 그것도 큰 금액은 아니었습니다. 매월 월급을 받으면 쇼핑하러 가거나 놀러 다니기 바빴습니다. 차도 부모님이 사주셨고요. 월급으로 제 삶을 꾸리는 데는 부족함이 없었습니다. 하지만 노후준비가 전혀 되어 있지 않았어요. 직장생활을 한 지 10년이 지나고 난 뒤에야 상황의 심각성을 깨달았습니다. 월 50만 원씩만 저축을 했어도 6천만 원은 모았을 텐데 현실은 그렇지 않았습니다. 더 심각했던 것은 그때까지도 저는 이것이 큰 문제라고 생각하지 않았다는 점입니다.

◖▬▬ 마인드셋 버튼이 눌리다

2017년, 재테크에 대한 마인드를 바꿔준 결정적인 인물이 제 삶에 등장합니다. 그 친구는 'S전자'에 다니고 있었습니다. 연봉이 높은 편이기는 했지만 그럼에도 그렇게 모을 수 있을까 싶을 정도로 친구는 돈을 많이 모아두었더군요. 대부분의 투자는 적금과 예금 상품이었고, 주식도 소소하게 하던 친구입니다. 돈을 잘 모으는 친구는 당연히 제 씀씀이가 눈에 거슬렸을 것입니다.

언젠가부터 친구는 제게 쓴소리를 하기 시작했습니다. 연봉이 얼마인데 그런 큰 차를 끌고 다니는지, 지금까지 얼마나 돈을 모았는지, 왜 그렇게 쇼핑을 많이 하는지 등등.

사실 처음에는 귓등으로 들었습니다. 친구는 알뜰살뜰하게 돈을 모으는 것이 잘 맞지만, 나는 돈을 쓰면서 삶을 충분히 즐기고 있다고 합리화했습니다. 돌아보니 저도 '욜로족'이

탕진잼? 정말 재밌으셨나요?
부족한 통장잔고, 버거운 카드값에 더 괴롭지는 않으셨나요?
재테크는 '마인드셋'이 먼저입니다!
지금 당장 마인드셋 'ON' 버튼을 눌러 봅시다.

었네요. 그런데 이러한 친구의 잔소리가 어느 날부터인가 귀에 들어오기 시작하는 겁니다. 잔소리를 들은 지 2년 만인 것 같습니다. 저는 친구가 했던 이야기들 중에서 제가 실천할 수 있는 것들을 하나하나 행동으로 옮기기 시작했습니다. 2년 만에 드디어 마인드셋의 'ON 버튼'이 눌린 것이었습니다.

어떤 특별한 계기는 없었습니다. 이때까지 충분히 삶에 만족하고 있다고 생각했는데 문득 그 친구의 조언대로 지금까지와 다르게 살아간다면 다른 행복을 찾을 수 있을지 궁금해졌습니다. 그러다 '한번 해볼까?' 하는 마음이 들었고요.

◯▬ 절제하는 삶을 시작하다

맨 처음 한 것은 '과연 내가 절제하는 삶이 가능한가' 하는 테스트였습니다. 소비를 극단적으로 끊어보았습니다. 한 달 동안 저는 정말 '필요'한 것이 아니면 절대 지출을 하지 않았고, 특히 'NO 쇼핑'을 선언하며 한 달 동안 옷, 신발, 액세서리 등은 절대로 구입하지 않았습니다. 당연히 카드 값은 매우 줄어들었고, 다음 달 월급의 대부분이 계좌에 고스란히 남았습니다. 저는 첫 성공을 만끽하며 그 돈을 주식 계좌로 이체해 주식을 샀습니다.

◯▬ 스타벅스를 끊다

두 번째로 실천한 것은 스타벅스를 끊는 것이었습니다. 스타벅스를 이용하는 것 자체가 문제는 아닙니다. 저는 습관처럼 매일 들렀기 때문에 아예 끊은 것입니다. 커피를 집에서 내려서 텀블러에 담아 다니거나 회사 내에 있는 카페를 이용하여 비용을 아꼈습니다. 나중에는 기프티콘이나 프로모션으로 제공되는 이용권이 생길 때가 아니면 가급적이면 커피를 마시는 데 돈을 쓰지 않았습니다.

처음에는 주변에서 무슨 궁상이냐는 이야기를 많이 했지만, 점점 제 변한 행동이 주변 사람들에게도 영향을 미쳤습니다. 어느덧 지인들도 '커피값을 아껴서 투자하자'는 마인드가 생겼습니다.

겨우 '쇼핑'과 '커피'만 절제했는데도 소비에 대한 태도, 재테크에 대한 생각이 크게 바뀌었습니다. 실제 돈이 모이기도 했고요. 이전에는 기존에 보유하고 있던 주식 외에는 자산이라고 할 것도 없었지만, 절제하는 생활을 하고부터는 매월 100만 원이 넘는 금액이 고스란히 쌓였습니다. 그리고 저는 그 돈으로 투자를 했습니다.

당장 돈이 없어서, 노후준비의 중요성을 깨달아서, 다른 사람들이 하는 것을 보고 자극을 받아서 등 재테크를 시작하게 되는 계기는 사람마다 다를 겁니다. 여러분 중 누군가는 지금 이 글을 읽으면서 재테크를 해야겠다고 생각할 수도 있습니다.

돈을 모아 보고 싶은 마음이 생기셨나요? 그 작은 마음으로도 충분합니다. 재테크의 시작은 '마인드셋'에 있습니다. 지금 'ON 버튼'을 누르세요! 그리고 작은 목표부터 실천합시다. 그러다 보면 점차 재테크에 재미를 느끼게 될 것입니다.

02 왜 소비를
줄이지 못할까?

'소비' 자체를 부끄럽게 여길 필요는 없습니다. 자신의 상황에 맞지 않는 '과소비'가 문제인 것이지요.

저도 과거에는 월급을 저축하지 않고 모두 다 썼습니다. 그리고 그것을 한 번도 문제라고 생각하지도 않았습니다. 고가의 명품 브랜드 옷과 신발 등을 망설이지 않고 구매했으며, 빚을 내서 사는 것도 아니고 내 돈으로 사는 것이니 전혀 문제가 없다고 생각했습니다.

그러나 소비를 극단적으로 중단하는 방법을 실천하면서 저는 깨달았습니다. 지금껏 내 월급, 경제 상황과는 전혀 맞지 않는 소비를 해 왔다는 사실을요.

◯▬▬ 정말 필요해서 산다고?

앞서 언급한 그 친구 이야기가 다시 나옵니다.

친구는 늘 내게 '쓸데없는 것을 사지 말라'고 조언했습니다. 그때마다 저는 '다 쓸 데가 있다'고 반박했습니다. 핑계 없는 무덤은 없다고 했나요? 모든 소비에는 다 이유가 있습니다만, 재테크를 하려고 마음먹었다면 이쯤에서 곰곰이 생각해 봐야 합니다. 과연 내가 정말 '필요'에 의해서만 소비를 하고 있는지를요.

꼭 있어야 하기 때문에 돈을 쓰는 경우가 얼마나 될까요? 정확히 통계를 내보지는 않았지만, 제가 소비를 줄이며 체감한 바로는 60%가량이 필요가 아닌 '기분'에 의한 소비였습니다. 친구의 말처럼 '쓸데없이 쓴 돈'이었던 것이죠.

'입을 옷이 없다'는 핑계로 옷을 사고, '하늘 아래 같은 색은 없다'고 말하며 립스틱을 삽니다. SNS를 보고 충동적으로 사는 경우도 흔하고요. 물론 살면서 기분에 의한 소비를 아예 안 할 수는 없을 겁니다. 그러나 적어도 자신이 어디에, 어떻게 돈을 쓰는지는 파악해야 합니다. 그래야 줄일 수도, 끊을 수도 있습니다. 재테크를 시작하기 전에 꼭 해야 할 것은 '쓸데없는 소비 줄이기'입니다. 불리는 것보다 모으기가 훨씬 쉽다는 사실을 꼭 명심하기 바랍니다.

◯▶ 소비를 줄일 수 있는 7가지 방법

그렇다면 소비를 줄이는 방법은 무엇일까요? 7가지로 정리해 볼 수 있습니다. 모두 제가 실천했던 방법들입니다.

첫 번째 방법은 '차단'입니다. 애초에 백화점이나 쇼핑몰 등 눈이 돌아갈 만한 공간에 가지 않는 것입니다. 그러나 이제는 오프라인뿐 아니라 온라인에서도 얼마든지 쇼핑을 할 수 있습니다. 그래서 차단이 마음처럼 쉽지는 않습니다. SNS만 켜도 사고 싶은 것들이 보이고, 보다 보면 참기 힘들어 구매 버튼을 누르기도 합니다. 그렇다면 이러한 온라인 소비 패턴은 어떻게 고칠 수 있을까요?

두 번째 방법인 '위시리스트 담기'를 실천해 보세요. 인터넷 서핑을 하다 보면 보고 싶지 않아도 보이는 물건들이 있습니다. 심지어 세일을 한다는 광고는 지나치기가 어렵습니다. 그럴 때는 바로 결제하지 말고 '위시리스트'에 담아둡니다. 킵 앤 웨이팅(Keep and waiting) 즉, 담고 기다리는 것이죠. 그 기다림은 물건이 정말 필요한 것인지 생각할 수 있게 합니다. 이 방법을 쓰면 즉흥적으로 소비하는 것을 막을 수 있습니다.

세 번째 방법은 '나만의 쇼핑 규칙 만들기'입니다. 요즘은 국내 쇼핑몰뿐 아니라 해외 쇼핑몰을 통해서도 물건을 쉽게 구할 수 있습니다. 때문에 '관세 범위 안에 안 들면 사지 않을 거야', '배송비 무료 쿠폰이 없으면 구매 금지' 같은 자신만의 규칙을 만들면 도움이 됩니다. 별것 아닌 것 같지만 저는 실제로 효과를 봤습니다. 이런 작은 장치 덕분에 해외 직구를 즐기던 제 장바구니는 매우 무거워졌습니다. 결제하지 않고 몇 개월째 담아두기만 했기 때문입니다. 그렇게 몇 개월 지나고 보면 결국 안 사도 될 것이었음을 깨닫게 됩니다.

네 번째는 '효용성 따지기'입니다. 돈을 잘 모으지 못하는 사람들을 보면 옷, 구두, 액세서리, 화장품 등 꾸미기 아이템에 대한 소비가 상대적으로 큰 편인 경우가 많습니다. 그렇기에 이런 품목을 사고 싶을 때는 소비 전에 효용성을 따져보는 걸 추천합니다.

예를 들면 립스틱의 경우, 이미 다양한 컬러를 구비해 두었음에도 새로운 것을 쉽게 사게 됩니다. 사놓고 다 쓰지도 못하고 사용기한이 지나는 일이 발생합니다. 자신이 쉽게 소비하는 부분 즉, 소비 약점을 파악하여 효용성을 따져 구매하기를 바랍니다. 절대 사지 '않기'보다는 있는 것을 다 쓰고 '산다'라고 생각하면 마음이 편할 것입니다.

다섯 번째 방법인 '시간 묶기'입니다. 시간을 묶는다는 것은 다른 집중할 거리를 만들라는 뜻입니다.

언젠가 시험을 준비하느라 몹시 바빴던 적이 있습니다. 나중에 돌이켜 보니 공부에 집중했던 그 시기에 제 카드값이 1/3로 줄었더군요. 쇼핑몰에 접속할 시간이 아예 없었던 겁니다. 그때 저는 '돈 쓸 시간이 없어서 돈을 못 쓴다'는 말의 의미를 알게 되었습니다. 여러분도 일이나 취미 등 몰두할 만한 것을 찾아보세요. 지출을 줄이는 데 도움이 될 겁니다.

여섯 번째 방법은 '나만의 소비 계획 세우기'입니다. 세세한 규칙을 만들어 소비를 통제하는 것도 중요하지만, 각자 자신의 소비 성향과 패턴에 따라 미리 '소비 계획'을 짜두는 것도 좋은 방법입니다. 옷을 사는 데 돈을 많이 쓰던 사람이라면, 매달 얼마의 금액을 옷을 사는 데 쓸지 미리 정하는 것이죠. 그러면 어느 정도 소비 욕구도 채울 수 있고 충동구매도 막을 수 있어 효과적입니다.

이렇게 소비를 줄이다 보면 분명 스트레스를 받는 때가 올 것입니다. 그래서 필요한 것이 마지막 일곱번째 방법인 '보상'입니다. 한 달에 한 번, 혹은 석 달에 한 번 등 특정한 하루를 정해서 갖고 싶었던 물건 딱 하나만 사는 겁니다.

물론 보상이라는 명목으로 어렵게 모은 돈을 다 쓰면 안 되겠지요. 꼭 물질적인 보상이 아니어도 된다, 하시는 분들은 가까운 곳으로 여행을 가는 등 스스로를 독려하고 스트레스를 해소하세요. 그리고 스스로를 칭찬해 주세요. 칭찬은 남에게만 하고 듣는 것이 아니라 자기 자신에게도 할 줄 알아야 합니다. 가능하다면 가까운 친구나 지인과 소비 줄이기를 같이 실천해 보세요. 이렇게 하면 중간에 포기하고 싶은 순간도 잘 버텨낼 수 있을 겁니다.

소비 줄이기의 성공은 여러분의 '의지'에 달렸습니다. 앞서 소개한 7가지 방법이 모두 통하지 않는 경우도 있을 것이고 잘 지키다가 어느 순간 무너질 수도 있을 것입니다. 하지만 노력의 대가는 반드시 있으니 조금만 견뎌 보세요. 두둑한 통장 잔고가 여러분을 뿌듯하게 만들어 줄 것입니다. 쓸데없는 것에 낭비하던 돈을 모아 꼭 필요한 곳에 쓸 수 있도록 합시다.

03 재테크 방법으로 주식을 선택한 이유

지금까지 저는 재테크를 거의 주식으로만 하고 있습니다. 물론 아주 예전에 사회생활을 막 시작했을 때는 적금도 들고 은행에서 추천하는 펀드도 가입했습니다. 그러다 문득 펀드 대신 내가 스스로 포트폴리오를 구성해 투자하면 되겠다는 생각이 들어 펀드를 해지했습니다. 펀드 운용 수수료도 아까 웠고, 명색이 경제 방송 앵커인데 누군가에게 의존하기보다 는 스스로 포트폴리오를 만들고 직접 운용해 봐야 확실히 공부가 될 것이라는 생각이 들었습니다. 지금도 그 생각에는 변함이 없습니다.

다만, 분산 투자를 위해서 종목투자 외에 ETF*투자를 더 늘리고 있는 부분은 다른 점입니다. 재테크의 종류는 주식 외에도 다양합니다. 사실 주식 투자는 일반적인 재테크 수단 중에서도 리스크가 높은 편이고 공격적인 투자의 형태입니다. 그럼에도 주식 투자를 하는 이유는 장기적인 관점으로 분산하여 투자하면 충분히 리스크를 낮출 수 있고 예금보다 더 높은 수익률을 얻을 수 있기 때문입니다. 보통 주식을 한다고 하면 위험하지 않냐고 묻는 사람들도 많습니다. 그러나 위험한 주식 투자는 단기적으로 높은 수익률을 올리기 위해 반복적으로 매매하는 '트레이딩'이나 '묻지 마 투자'에 한합니다.

⬤▷ 재테크를 시작하기 전에 꼭 해야 할 일

그렇다면 주식 투자를 비롯해 재테크를 하기 위해서 가장 먼저 해야 할 일은 무엇일까요? 바로 '나의 경제 상황 파악'과 '재테크 공부'입니다. 한 달에 내가 벌어들이는 수입과 수입 중에서 저축 및 투자에 쓸 수 있는 금액을 최대치로 설정해야 합니다. 여기서 중요한 것은 최소치가 아니라 '최대치'라는 점입니다. 이렇게 해야 빠져나가는 돈을 줄이고 그것을 투자로 연결해 조금이라도 빨리 자산을 늘릴 수 있습니다.

---

* ETF(Exchange Traded Fund, 상장지수펀드): 인덱스펀드를 거래소에 상장시켜 투자자들이 주식처럼 편리하게 거래할 수 있도록 만든 상품

자신의 경제 상황을 파악했다면 이제 '재테크 공부'를 시작해야 합니다. 주식 투자를 하고 싶다면 주식 투자의 A부터 Z까지 모두 공부하는 것이 제일 좋겠지만, 그러려면 아마 몇 년 동안은 주식 계좌를 만들지도 못할 겁니다. 어쩌면 평생 공부해도 주식 투자에 대해 모두 파악하기 어려울 수도 있습니다. 때문에 공부는 투자와 병행해 나가는 것이 좋습니다.

슈퍼 개미 투자자로 유명한 이정윤 세무사를 인터뷰한 적이 있습니다. 그는 "일주일에 10시간 이상 공부를 하지 않으려면 주식 투자를 하지 말라"고 이야기합니다.

꼭 10시간은 아니더라도 무언가에 제대로 투자를 하려면 시간을 투자하면서 공을 들여야 합니다. 주중에 시간이 나지 않는다면 주말을 이용해서라도 투자하려는 종목에 대한 공부를 해야 합니다. 비단 주식뿐만 아니라 부동산 투자도 마찬가지입니다. 운이 좋아서 투자한 부동산이 대박 나기만을 기다리는 것이 아니라 부동산 투자에 대한 기초 지식은 물론, 투자할 대상에 대한 임장*을 통해 제대로 공부하고 재테크에 임해야 합니다.

재테크는 첫발을 내딛는 것이 중요합니다. 그러나 많은 사람들이 무엇을 어떻게 시작해야 할지를 몰라 시도조차 못 하

---

* 임장(臨場): 부동산을 분석하기 위해 현장에 나가는 활동

재테크를 위해 꼭 해야 할 일

0 재테크의 필요성 느끼기

1 나의 경제 상황 파악하기(빚이 있는지, 고정 지출은 얼마인지,
저축과 투자는 수입의 몇 %를 차지하는지 등)

2 고금리의 빚이 있다면 그것부터 청산하기

3 불필요한 지출 최대한 줄이기

4 시간을 정해 두고 책이나 유튜브로 경제 공부하기

5 월간, 연간 목표를 세워 꾸준히 실천하기

는 경우가 많습니다. 그러나 요즘에는 재테크 관련 정보를 책이나 유튜브 등으로 쉽게 얻을 수 있습니다. 그 정보들을 잘 활용하려면 더 많은 공부가 필요합니다.

모른다고 시도조차 하지 않는다면 아무것도 얻을 수 없습니다. 시간을 할애해 관련 도서를 꾸준히 읽고 경제 뉴스를 보다 보면 점차 아는 것이 늘어날 겁니다. 또 재테크에 성공한 많은 사람들의 이야기를 듣고 그들의 방법을 자신의 상황에 대입하고 응용해 보세요.

시작이 반이라는 말이 있습니다. 하지만 재테크에서는 단순히 공부를 시작한 것만으로는 절반의 성공이라고 보기 어렵습니다. 작은 것이라도 투자를 '실천'해야 진정한 시작이라고 할 수 있습니다. 그리고 그 실천으로 자산이 모이고 늘어나야 나머지 반도 채울 수 있습니다.

04 목돈이 있어야 투자할 수 있다?

　주식 투자는 목돈을 모으고 나서 해야 하는 거 아니냐는 질문을 종종 받습니다. 막상 돈이 없어서 주식 투자를 못한다는 친구들과 이야기해 보면 펀드에 가입된 경우가 많습니다. 알고 보면 펀드도 주식인데 말이죠. 그렇습니다. 의외로 우리는 주식과 가까이 있습니다. 물론 예적금만 하는 사람도 있겠지만요.

　앞서 이야기했듯, 주식에 관한 공부를 다 끝내고 투자를 하려면 영영 투자를 못할 수도 있습니다. 저는 그래서 꾸준히 적립식으로 주식에 투자하라고 말씀드리고 싶습니다. 몇 년간 적금을 넣듯 말이죠.

🔵 적립식 투자가 좋은 이유

여유 자금으로 쓸 수 있는 '목돈'이 있으면 좋겠지만, 목돈을 만드는 과정에서 포기하는 사람들이 상당히 많습니다. 때문에 '투자는 나중에 돈 모아서 해야지'라고 미루기보다는 '지금부터 적립식으로 꾸준히 투자해야지'라고 생각하고 실천하는 편이 좋습니다.

적립식 투자의 장점은 단연 '리스크 분산'에 있습니다. 현재 1만 원인 주식을 매수해 10년간 보유하고 있다고 가정해봅시다. 이 주식이 10년 뒤에 10만 원이 된다면, 초기 투자 시에 많이 사서 오래 가지고 있는 것이 수익률 측면에서 유리할 것입니다. 그러나 당장 그런 목돈이 없다면 좋은 주식을 조금씩 모아 나가는 것도 좋은 방법입니다. 해당 주식의 주가가 고점인지 저점인지 크게 고민하기보다는 월급날 등 매달 특정 날짜를 정해 주식을 모으세요.

장기적으로는 우상향하는 우량주라고 하더라도 짧은 기간 잘라서 보면 그 안에서는 등락이 있습니다. 그리고 몇 년에 한 번은 예측하지 못했던 큰 폭락이 오기도 합니다. 때문에 초보 투자자가 초기에 목돈을 투자하게 되면 이런 불확실성에 대비할 수가 없게 됩니다.

물론 투자하는 기업에 대해 분석해 확신을 가졌다면, 그리고 해당 기업의 주가가 큰 폭으로 하락해도 흔들리지 않을 자

목돈이 먼저? 투자가 먼저?

목돈을 모아서 '나중에' 주식 투자를 하겠다는 생각보다는
소액으로 공부하면서 투자를 병행하는 것을 추천합니다.
복리의 마법, 그 비밀은 '시간'에 있다는 사실을 명심하세요!

신이 있다면 과감하게 목돈을 투자할 수도 있습니다. 그러나
막상 전문 투자자들도 흔들리는 주가에 마이너스가 된 계좌
를 보면 쉽사리 마음 다잡기가 어렵습니다. 그러니 수익을 높
이는 것보다는 자산을 잃지 않고 장기적으로 투자하는 방법
을 선택하기 바랍니다.

🔘 일확천금을 바라지 말자

자, 열심히 모아 목돈을 만들었다고 가정해 봅시다. 이렇
게 모은 돈을 어디에 투자해야 할지 모르겠고, 투자처는 정했
지만 왠지 확신이 안 드나요? 그렇다면 절대 목돈을 모두 투
자하면 안 됩니다. 목돈도 역시나 적립식 투자처럼 '시차'를
두고 조금씩 분할해서 매수를 하거나 한 종목에 집중 투자하
지 말고 여러 종목에 나누어 투자해야 합니다. 이런 조언을
하면 팬데믹으로 폭락한 시장에서 소위 '몰빵'으로 큰 이득을
본 경우를 예로 드는 사람들이 있습니다. 하지만 폭락은 누구
도 예측할 수 없습니다. 그런 극단적인 사례만을 보면서 일확

천금을 노린다면 언젠가 크게 잃을 수 있습니다.

'주식에 투자해서 1억을 만들려면 2억을 투자하면 된다'
는 우스갯소리가 있습니다. 많은 금액을 한꺼번에 투자해 '반
토막'이 나는 경우가 정말 흔하기 때문입니다.

◯ '돈'이 아닌 '시간'으로 하는 투자

혹시 공부가 덜 된 상태에서 주식 투자에 뛰어들었나요?
사고는 싶은데 뭘 사야 할지 모르겠고, 공부를 할 시간도 많
지 않다고요? 그렇다면 매달 우량주를 조금씩 모으면서 자투
리 시간을 활용해 공부를 병행하면 됩니다.

그러다 주식 투자가 자연스러워지고 뉴스 하나를 봐도 투
자와 연결 지어 생각할 수 있게 되었다면, 그리고 스스로 기
업 분석을 할 수 있게 되었다면 그때부터는 조금 더 적극적으
로 투자를 해도 좋습니다.

주식은 '투자금'도 중요하지만 '시간'도 중요합니다. 복리
의 효과를 생각하면 당연한 이야기입니다. 그러니 목돈을 만
들어 주식 투자를 하겠다는 생각보다는 투자해 나가면서 목
돈을 만들겠다고 생각하기 바랍니다.

아직까지 주식 투자를 시작하지는 않았지만 장기적인 재
테크를 고민하고 있다면 지금부터 조금씩 공부해 보세요. 요
즘은 주식에 관한 책이나 유튜브 영상이 많아 공부하기 정말

좋습니다. 젊다는 것은 '시간'이 많다는 것이고 그것은 투자에서 엄청난 장점입니다.

증권 계좌 만들기 & 투자 프로그램 설치

요즘은 앱 몇 개만 설치하면 앉은 자리에서 5분이면 주식 계좌를 만들 수 있습니다. 비대면으로 계좌를 만들고 원하는 증권사의 MTS(Mobil Trading System)을 다운로드하면 주식 거래를 할 수 있습니다.

증권사들은 대부분 수수료가 비슷하게 책정되어 있습니다. 가끔 유관기관 수수료를 제외한 거래 수수료를 평생 무료로 해 주는 증권사 이벤트가 있으니 그럴 때를 활용하면 좋겠지요. 또 현재 이용하는 증권사에서 주식을 옮기면 그 금액에 따라 이벤트로 현금을 제공하는 증권사도 있으니 현명하게 따져보고 이용하세요. 또 거래하는 환경이나 메뉴 등이 나에게 친숙한지 미리 확인해 보는 것도 중요합니다.

최종적으로 주식 투자를 제대로 하기 위해서는 MTS보다는 컴퓨터에 HTS(Home Trading System)를 설치하여 다양한 자료를 분석하여 투자할 것을 추천합니다.

MTS는 앱스토어에서 다운로드를 받으면 되고, HTS는 각 증권사별로 홈페이지에서 다운로드할 수 있습니다. 습관적으로 HTS에서 뉴스를 찾아보고 실시간 뉴스를 챙겨보는 습관을 길러보시길 바랍니다.

05 첫 주식 투자, 뭘 사야 할까?

⬤ 투자의 시작은 ETF로

주식 투자를 시작하면 '무엇을 사야 할까?' 하는 고민을 가장 먼저 하게 됩니다. 저는 주변에 주식 투자를 막 시작한 지인들이 이런 고민을 하면 '특정 종목'보다는 'ETF'를 추천합니다.

ETF(Exchange Traded Fund)는 '상장지수펀드'라는 것인데 말 그대로 주식 시장에 상장되어 있는 펀드라는 뜻입니다. 아마 '펀드' 하면 사회초년생 때, 은행에 가서 멋모르고 가입해 마이너스 수익을 본 뼈아픈 기억을 가진 분들도 있을 텐데요. ETF는 일반 펀드와는 다소 차이가 있습니다.

ETF는 특정 주가지수의 움직임에 따라 수익률이 결정된다는 점에서 인덱스 펀드와 유사하지만, 주식처럼 실시간으로 거래가 가능하다는 점에서 차이가 있습니다.

최근에는 '액티브형 ETF'라고 하여 특정 인덱스의 흐름을 따라가는 것이 아닌 운용사의 결정에 따라 해당 ETF에 편입 종목을 선택해 운용하는 방식도 늘어나고 있습니다. 캐서린 우드(Catherine D. Wood)가 이끄는 '아크 인베스트먼트(ARK Investment)'의 ETF가 우리나라 투자자에게 익숙한 액티브형 ETF 중 하나입니다.

ETF에 관심 있는 분들이라면 '미국 ETF가 좋다'는 이야기를 한번쯤 들어보셨을 겁니다. 우리나라에서는 2002년에 처음 ETF가 생겼지만, 우리보다 훨씬 큰 금융시장을 가진 미국은 ETF의 역사 또한 우리보다 훨씬 오래되었습니다. 역사가 긴 만큼 엄청나게 다양한 ETF가 상장되어 있고요. 이미 많은 미국 주식 투자자들은 ETF를 통해 장기적인 투자를 하고 있습니다.

⬤▶ 시장은 성장한다

처음 주식을 시작하는 사람들에게 종목보다 ETF를, 그리고 펀드보다 ETF를 권하는 것은 여러 이유가 있습니다. 일단 주식 투자를 시작하면 종목을 선택해야 하는데 이것부터

가 초보자에게는 난관입니다. 무엇을 사야 할지 모르기 때문입니다. 확실하게 내가 투자할 기업을 선택할 수 있으면 다행이지만, 무턱대고 친구가 사는 종목을 따라 살 수는 없습니다. 만약, 친구 따라 강남 가듯이 투자하게 된다면 나중에 손실이 발생했을 때 대응하기가 어려워집니다. 살 때의 기준이 없었기에 팔 때의 기준도 스스로 만들기 어려운 탓입니다.

그렇기에 초기 단계에서는 주식 투자에 대한 공부를 하면서 코스피나 코스닥 지수를 추종하는 국내 ETF나, S&P 500이나 나스닥 지수 등을 추종하는 미국 ETF를 매수하면 되겠습니다.

이렇게 시장 지수를 따르는 ETF를 투자의 출발로 삼으라고 하는 이유는 이따금 위기가 찾아오기는 하지만 '결국 시장은 성장'하기 때문입니다. 따라서 ETF 투자로 시장 전체에 분산 투자하는 것은 현명한 방법이라 할 수 있습니다.

◯ 종목과 섹터(업종)를 고르기 힘들다면

지금은 삼성전자 주식이 액면 분할되어 1주 가격이 10만 원 미만이라 개인 투자자들도 쉽게 매수할 수 있습니다만, 예전에는 삼성전자 1주에 200만 원이 넘었습니다. 그때는 평범한 직장인이 삼성전자 1주를 매수하는 것도 어려웠습니다. 이처럼 투자하려는 주식의 가격이 높아 구매하기 힘든 경우에

ETF가 좋은 대안이 될 수 있습니다.

ETF는 비교적 적은 금액으로 전체 시장이나 다양한 산업에 투자할 수 있는 장점이 있습니다. 만약 향후 신재생 에너지 산업 분야가 장기적으로 유망하다는 전망에는 동의하지만, 도무지 어떤 기업을 선택해야 할지 모르는 경우 관련한 기업으로 구성된 ETF를 매수한다면 전체 산업에 투자를 할 수 있겠지요. 또 ETF는 운용 수수료가 펀드보다 저렴하다는 장점이 있습니다. 더구나 주식 거래 시간 내에서 자유롭게 원하는 수량을 원하는 금액으로 매매할 수 있습니다.

펀드의 경우에는 해당 펀드가 어떤 종목을 어떤 비율로 운용하고 있는지를 공개하는 시기가 정해져 있습니다. 하지만 ETF의 경우에는 실시간으로 ETF의 구성 종목을 확인할 수

〈SEIBro〉 화면

있습니다. 정보는 해당 ETF의 운용사 홈페이지나 HTS, 네이버의 증권 카테고리, 〈SEIBro(증권정보포털)〉의 ETF 메뉴 등을 통해 자신이 원하는 정보를 언제든지 확인할 수 있습니다.

더불어 ETF는 전체 시장이나 특정 산업뿐만 아니라 해외 주식, 채권, 원자재 등에도 투자가 가능합니다. 만약 여러분이 금에 투자를 하고 싶다면 금 가격을 추종하는 ETF를 매수할 수 있습니다. 또 해외 주식에 투자하고 싶은데 개별주에 직접 투자하는 것이 다소 어렵게 느껴진다면, 해외 주식 시장에 투자하는 ETF에 투자할 수도 있습니다.

 소득과 세금

현재는 대주주가 아닌 이상 양도소득세가 부과되지 않습니다. 그러나 2023년부터는 국내 주식 투자로 5천만 원을 넘게 벌면 20%의 양도소득세를 내야 합니다.

국내 ETF의 경우에는 배당금(분배금)에 대해 15.4%가 원천징수되고, 국내 시장에 투자하는 주식형 ETF를 제외한 기타 ETF(해외, 레버리지, 인버스, 골드 등)는 매도 시 수익금에 대해 15.4%가 원천징수됩니다.

해외 ETF의 경우에는 수익금의 250만 원까지는 공제되고 그 이상부터 22%의 양도소득세가 부과됩니다. 세금은 정책에 따라 변동될 수 있으니 당해 연도의 기준을 확인하기 바랍니다.

06 ETF 투자 시 주의해야 할 점

◯▬ 원금 손실의 위험에 유의하라

투자를 이제 막 시작한 이들에게 ETF를 권하는 이유가 '안정성'에 있기는 하지만, ETF도 지수가 하락하거나 구성 종목의 주식 가격이 하락하면 원금 손실의 위험이 있습니다. 개별 주식에 집중 투자하는 것보다 안전한 것이므로 '무조건 안전하다'고 생각하는 것은 바람직하지 않습니다.

아무리 ETF로 분산 투자를 했더라도 큰 경제 위기 앞에서는 자산 가치가 하락할 수 있다는 사실을 결코 잊어서는 안 됩니다. 따라서 아무리 ETF에 투자한다고 해도 여유 자금으로, 또 장기적인 안목을 가지고 접근해야 합니다.

◯▬ 상장 폐지의 위험에 유의하라

ETF의 규모가 일정 금액 미만으로 일정 기간 이상 경과하거나 추적 오차*가 지속적으로 발생하는 등의 상장 요건에 충족되지 못하면 상장 폐지 절차를 밟게 됩니다. 그러나 주식처럼 상장 폐지 후 모든 자금이 사라지는 것이 아니라 신탁업자에 의해 안전히 보관된 우리의 투자금은 상장 폐지와 무관하게 현금화하여 ETF 청산 시 투자자에게 지급됩니다. 따라서 같은 투자처로 구성된 ETF라면 거래 대금과 거래량이 많은 종목 위주로 투자하는 것이 안전합니다. 또 가격 변동이 심한 종목에 투자하는 ETF는 되도록 피하는 것이 좋습니다.

◯▬ 롤오버 비용에 유의하라

선물**에 투자하는 ETF의 경우 대부분 만기가 있습니다. 만기 시에는 기존 선물을 팔고 새로운 선물을 사야 하는데 이때 발생되는 비용을 '롤오버 비용'이라 부릅니다. 선물 교체 시에는 가격 차이가 발생해 손실 위험이 있으므로 선물 관련 ETF는 롤오버 비용을 이해하고 투자해야 합니다. 특히 원자재 ETF 투자 시에는 '롤오버 비용'을 신경 써야 합니다.

---

* 　추적 오차: ETF의 가격이 벤치마크(추종하는 지수나 가격)를 쫓아가지 못하는 정도.

** 　선물(futures): 상품이나 금융자산을 미리 결정된 가격으로 미래 일정 시점에 인도·인수할 것을 약속하는 거래.

2020년에는 원유 가격 급락으로 롤오버 비용에 따른 가격 변동이 생겨 관련 ETF 투자자 중 큰 손실을 본 경우가 많았습니다. 가격 변동이 심한 때에는 투자 시 리스크가 높으므로 위험에 대비할 수 있는 환경이 아니라면 공격적인 투자를 지양하는 것이 좋습니다.

◯ 유동성 공급자의 호가 없는 시간은 피하라

유동성 공급자(LP)*는 원활한 ETF 거래를 위해 ETF가 정상적인 가격이 되게 하는 역할을 합니다. 장 개시 전 8~9시, 개장 후 5분, 3시 20~30분은 LP가 활동하지 않는 즉, LP의 호가 의무가 면제되는 시간이라 가격이 정상적으로 형성되지 않을 위험이 있습니다. 되도록 호가 의무가 면제되는 시간의 거래는 피하고 지정된 가격으로 매매하는 것이 좋습니다.

◯ 모든 ETF가 분배금을 지급하는 것은 아니다

주식에서 '배당'이라고 부르는 수익을 ETF에서는 '분배금'이라 합니다. 분배금은 ETF가 보유한 주식에서 발생하는 배당금, 대차 수수료 수익, 이벤트 대응 추가 수익을 더한 금액입니다. 모든 주식이 배당을 주는 것이 아니듯 모든 ETF가

---

* 유동성 공급자(Liquidity Provider): 매도 호가의 차이로 매매가 부진한 종목의 거래 활성화를 위해 증권사가 매매가를 조정, 제시하는 것.

분배금을 지급하지는 않습니다. 같은 지수를 추종하는 ETF 라고 하더라도 운용 방법과 실적에 따라 분배금의 기준이 다를 수 있습니다. 분배금 내역은 해당 ETF 운용사 홈페이지에서 확인할 수 있습니다.

⬤ 레버리지 ETF는 무조건 수익률 2배가 아니다

레버리지 ETF는 해당 ETF가 추종하고 있는 지수의 일일 변동률을 2배 추종하는 상품입니다. 간단히 말하자면, 코스피 지수가 1% 오르면 해당 ETF는 대략 2%의 수익률을 얻는 겁니다. 반대의 경우도 동일합니다. 그러나 레버리지 ETF는 하루 단위로 매매하지 않는 이상 2배의 수익을 낼 수 없습니다. 주가는 매일 상승과 하락을 반복하므로 누적 수익률은 기초 지수의 수익률과 크게 다를 수 있습니다.

예를 들어, A기업의 주가와 A기업의 레버리지 ETF 모두 100원이라고 가정해 봅시다. 10일간 A기업의 주가가 하락 후 회복해 120원이 되면 주식은 20%의 수익을 기록합니다. 그러나 레버리지 ETF는 하락 시에도 2배 승수가 적용되기 때문에 40%의 수익이 아니라 오히려 마이너스가 됩니다. 주가는 이처럼 등락을 반복하므로 레버리지 ETF에 투자한다면 '단기 투자'를 해야 하며, 주가의 흐름에 따라 다양한 케이스가 있으니 신중하게 투자하시기 바랍니다.

07 영어 몰라도 미국 주식할 수 있다

2019년 미국 주식 관련 프로그램이 시작했을 때만 해도 지금처럼 미국 시장에 직접 투자를 하는 주식 투자자는 드물었습니다. 그러나 2020년 이른바 '동학개미운동'으로 많은 이들이 주식 투자를 하기 시작했고, 투자자들은 이제 글로벌하게 투자를 하고 있습니다. 최근에는 증권사앱 등으로 국내 주식 못지 않게 편하게 해외 주식을 거래할 수 있게 되어 이제 미국 주식 투자는 선택이 아닌 필수가 된 듯합니다.

분산 투자와 포트폴리오

해외 주식을 해야 하는 이유는 다양합니다. 투자 명언 중에 '계란을 한 바구니에 담지 말라'는 말이 있지요. 이는 재테크를 할 때도 예적금, 펀드, ETF, 국내 주식, 부동산 등 다양한 방법으로 포트폴리오를 나눠서 자산을 관리해야 손실에 대한 리스크를 조금이라도 줄일 수 있다는 뜻입니다.

그 안에서도 펀드나 ETF 그리고 주식의 경우에는 국가, 투자처, 산업 등을 나누어 투자하는 것이 리스크 관리 차원에서 좋습니다. 물론 공격적으로 특정 국가나 특정 종목에 확신이 있어서 그야말로 '몰빵'해도 수익을 낼 수 있다면 그렇게 투자해도 됩니다.

투자에는 100% 성공이란 없습니다. 따라서 투자 시 포트폴리오를 구성하여 예상하지 못한 위기에 대비하는 것이 좋습니다. 간단하게 '투자 국가'를 분산하는 방법이 있습니다. 보통 선진국, 신흥국으로 나누곤 하는데 대표적인 선진국 국가로는 미국이 있겠고 신흥국 투자로는 우리나라를 비롯해 중국 등이 있습니다.

◖▬▬ 미국 기업에 대해 잘 모른다고?

미국에는 우리가 생각하는 것보다 훨씬 투자할 수 있는 기업이 많습니다. 대충 머릿속에 떠오르는 기업만 적어도 10개 정도는 금방 채울 수 있습니다.

어릴 적에 사용했던 베이비 로션을 만든 '존슨앤존슨'부터 전 세계인이 즐기는 '코카콜라'와 '맥도날드', 어딜 가도 동일한 커피 퀄리티를 제공하는 '스타벅스', 스포츠웨어로 유명한 '나이키', 최근 전기차 붐을 일으킨 '테슬라', 아침에 눈을 뜨자마자 찾는 '아이폰'과 컴퓨터를 켜면 자연스럽게 사용하는 '마이크로소프트'와 '구글', 국내에서 물건을 구할 수 없을 때 서치하는 '아마존'까지. 이밖에도 미국 브랜드는 우리의 삶 깊숙이 침투해 있습니다. 그러니 미국 기업을 몰라서 투자를 못한다는 말은 할 수 없지요.

또 미국은 전 세계 국가 중에서도 상대적으로 자유로운 환경 덕분에 다양한 기업이 탄생해 왔습니다. 미국 시장을 넘어 전 세계적으로 활약하는 기업도 많습니다. 많은 전문가들도 이러한 미국 기업의 혁신적인 면을 강조하며 미국 시장과 기업에 대한 투자를 장기적으로 이어가야 한다고 말합니다.

⬤▶ 영어 못해도 미국 주식할 수 있다

영어를 잘 몰라도 미국 주식을 할 수 있을까요? 네, 할 수 있습니다. 우리가 그 브랜드의 제품을 쓰고 있기 때문에 가능합니다. 나와 내 주변인이 즐겨 쓰는 것, 소비가 일어나는 분야만 잘 살펴도 투자 성공 확률이 높아집니다.

미국 주식 투자를 할 때 물론 영어를 잘 한다면 더욱 좋겠지만 그렇지 않다고 하더라도 괜찮습니다. 리포트를 보다보면 자주 쓰이는 단어들이 있기 때문에 몇몇 용어만 익혀두면 그리 어렵지 않습니다. 게다가 요즘에는 각 증권사에서 미국 주식 투자에 관한 보고서들을 내놓고 있고, 거의 실시간에 가깝게 미국 주식 관련 뉴스가 번역되어 나옵니다.

또 휴대폰으로도 번역기를 이용할 수 있으니 굳이 영어 때문에 미국 주식을 포기할 필요는 없습니다. 최근에는 미국 주식 관련 프로그램도 많이 생기는 추세입니다. 2019년만 하더라도 제가 진행하는 〈미주알 고주알〉이 국내에서 매일 미국 주식을 이야기하는 유일한 프로그램이었습니다. 그러나 이제는 많은 곳에서 미국 주식을 비롯한 해외 주식 프로그램이 생겨났고, 경제 유튜브 채널들도 많아져 공부하기가 편해졌습니다.

미국 주식 시장에는 장기적인 관점에서 모아갈 주식들이 많기에 긴 안목을 가지고 투자에 임하길 바랍니다. 물론 미국 주식은 상한가와 하한가 제한폭이 없어 가끔 로켓이 발사되듯 급격히 상승하는 종목도 간혹 있습니다. 그러나 그런 급등주 찾기에 현혹되지 말고 기업와 기술의 가치를 보고 투자하기 바랍니다. 자칫하면 수익을 얻기는커녕 한 번에 망할 수도 있습니다. 장기적으로 주식에 투자하기로 했다면 미국 주식 투자는 선택이 아닌 필수입니다.

◯ 미국 주식 관련 유튜브 채널

이제는 마음만 있다면 얼마든지 다양한 자료를 구할 수 있는 세상이 되었습니다. 당장 서점에만 가도 미국 주식과 관련한 책을 잔뜩 살 수 있습니다. 그런데 책으로 공부를 시작하는 데에 부담이 있는 분들이 많기 때문에 출퇴근 시간 등 이동 시간을 활용하여 볼 수 있는 유튜브 채널을 몇 가지 추천하려고 합니다. 소개에 앞서 어떤 채널도 100% 믿어서는 안 됩니다. 자투리 시간을 활용해 공부를 한다는 마음으로 보기 바랍니다.

이미 구독하고 있는 분들이 많겠지만, 첫 번째 추천 채널은 〈삼프로 TV-경제의 신과 함께〉입니다. 김동환, 이진우, 정

유튜브 〈삼프로 TV-경제의 신과 함께〉 채널 화면

영진 세 분의 경제 전문가가 운영하는 채널로, 주식 시황 중계부터 전문가 대담까지 경제 및 투자 관련 정보를 제공합니다. 매일 밤 해외 시장에 대한 이슈를 다루는 '글로벌 라이브' 프로그램을 진행하니 참고하면 좋습니다.

다음은 〈소수몽키〉라는 채널입니다. 미국 주식 투자에 관한 기사나 정보를 쉽게 전달해 줍니다. 어려운 용어를 사용하지 않고 이미지나 도표 등 시각 자료도 잘 활용하여 초보자들도 이해하기 쉽습니다. 특히 우량주를 장기적으로 모으면서 배당을 받고 싶은 분들에게는 도움이 많이 될 겁니다.

〈미국 주식에 미치다 TV〉라는 채널은 《미국 주식이 답이

유튜브 〈소수몽키〉 채널 화면

다》의 저자 장우석, 이항영 두 분이 운영하고 있습니다. 친숙한 우리 주변의 이야기를 투자와 연결하고, 급등주 투자가 아닌 장기 투자를 위한 정보를 제시합니다. 또 매일 오전에는 라이브로 전날 미국 주식 마감 상황을 분석해 투자에 도움이 되는 관련 뉴스와 함께 전달합니다. 라이브 방송 시에는 질문도 할 수 있으니 여건이 된다면 참여해 보세요.

어느 정도 미국 주식에 대해 공부했다면 〈뉴욕주민〉 채널을 추천합니다. 초보 투자자가 보면 '무슨 말이지' 싶을 수도 있습니다. '뉴욕주민' 님은 현직 월스트리트 트레이더로 미국 시장에 관한 이슈를 빠르고 정확하게 전달해 줍니다. 또 기업

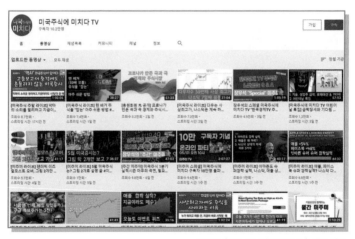

유튜브 〈미국 주식에 미치다 TV〉 채널 화면

공시나 재무제표를 원문 그대로 보여주며 설명해 주는 콘텐츠를 올려 깊이 있게 공부를 할 수 있습니다.

앞서 말씀드렸듯, 소개해 드린 채널에서 얻은 정보는 맹신하지 말고 여러분의 투자 실력을 키우는 수단으로 사용하기 바랍니다. 그리고 〈여도은 앵커의 돈 되는 돈TV〉 구독은 필수인 거 아시죠? 제 채널에는 특히 초보자들을 위해 미국 주식 시작부터 응용까지 단계별로 영상을 만들어 두었으니 꼭 참고하기 바랍니다.

◯ 계좌 개설과 미국 주식 거래 팁

요즘에는 스마트폰으로, 또 비대면으로 얼마든지 계좌를

만들 수 있습니다. 해외 주식 거래를 위한 계좌 개설이라고 해서 특별할 것은 없습니다. 증권사에 따라 조금씩 차이는 있겠지만 앱을 다운 받은 뒤 해당 앱의 절차에 따라 진행하면 5분 내에 계좌 개설이 가능합니다.

해외 주식이 국내 주식과 다른 점은 '환전'을 해야 한다는 것입니다. 매수 전에 내 증권 계좌로 옮겨둔 돈을 미리 달러로 환전을 해두어야 합니다. 물론 요즘은 별도의 환전 절차 없이 원화로 거래하는 시스템이 있는 곳도 있습니다. 그러나 이 원화 거래 방식은 편리하기는 하지만 자신이 원하는 환율로 거래되는 게 아니라서 생각보다 높은 금액으로 매수될 수 있습니다.

또 수수료도 추가적으로 붙으니 미리 환전을 해두는 편이 좋습니다. 매도 시에도 달러로 입금이 되므로 인출하려면 원화로 환전을 해야 합니다.

미국 주식은 우리나라 시간으로 저녁 11시 30분부터 다음날 새벽 6시까지 거래할 수 있습니다. 서머 타임이 적용될 때는 1시간씩 앞당겨집니다. 때문에 MTS나 HTS*를 통해 예약 매매를 하면 편리합니다.

---

* p.191의 TIP 참고.

- 미국 주식, 잘 아는 기업, 탄탄한 기업에 투자하면 실패하지 않아요.
- 개별 종목에 대한 투자가 두렵다면 ETF 투자로 시작해 보세요.
- 미국 주식은 상한가 제한이 없지만 하한가 제한도 없기 때문에 손실도 무한대로 발생할 수 있다는 점을 꼭 기억하세요.
- 단기 수익에 연연하기보다는 장기적인 안목으로 투자하는 것이 좋습니다.

🔘 해외 주식 정보 실시간으로 얻는 방법

현재 대부분의 증권사는 미국 주식의 현재가가 실시간으로 제공되지 않습니다. 매월 일정 금액을 지불해야 현재가를 볼 수 있습니다. 물론 구글에서 종목명을 쓰고 'stock'를 입력하면 실시간 주가를 확인해 볼 수 있습니다.

미국 주식 투자에 유용한 앱 중에서는 〈야후 파이낸스〉,

〈CNBC〉, 〈인베스팅닷컴〉 등이 있습니다. 앱으로 주식 정보를 실시간으로 확인할 수 있고 관련 뉴스도 볼 수 있습니다.

미국 ETF 정보의 경우, HTS를 통해서도 볼 수 있지만, 원소스를 찾고 싶다면 미국 사이트 이용을 추천합니다. 〈크롬〉 브라우저로 접속하면 마우스 오른쪽 버튼만 눌러 번역 기능을 쓸 수 있으므로 영어가 능숙하지 않아도 정보를 얻을 수 있습니다. 물론 해석이 이상하게 되는 경우도 있지만, 의미를 파악하는 데에 큰 무리는 없습니다. 〈ETF.com〉, 〈ETFDB.com〉 등의 사이트를 통해서도 ETF에 대한 내용을 정보를 상세히 확인할 수 있습니다. 어떤 운용사가 운용하는 ETF인지, 거래 대금과 현재 보유 중인 종목들은 무엇인지 등 기본적인 부분을 꼭 확인하고 투자하도록 합시다.

열정을 삶의 원동력으로 삼다

작년 한 해 동안 산을 좋아하는 친구 둘 덕분에 등산을 자주 다녔습니다. '산쓰리'라는 이름 아래, 부지런히 등산을 다니면서 제가 위기에 강한 사람이라는 것을 알게 되었습니다. 친구들에게 위기가 닥칠 때마다 제가 해결사 역할을 하더군요. 사실 돌이켜 보면 저는 등산할 때만이 아니라, 인생의 여러 위기들을 나름대로 잘 견딘 것 같습니다. 제가 특별히 위기에 강한 사람이라는 뜻이 아니라, 그런 힘든 시기를 악착같이 견디면서 '성장'했다는 이야기를 하고 싶었습니다. 그리고 이 말이 현재 시련을 겪고 있는 모든 분들에게 힘이 되기를 바랍니다.

물론 저의 이런 악착 같은 성격은 때로는 스스로를 피곤하게 만들었지만, 인생을 분명 더 윤택하게 만들었습니다. 물론 숨 돌릴 틈도 없이 살다 보면 가끔은 번아웃이 올 때도 있습니다. 그러나 처음으로 돌아가 내가 왜 이 일을 시작했는지 떠올리고, 하늘을 한 번 올려다보면서 마음을 다스리면 어느덧 풀리지 않을 것 같던 일도 해결의 실마리를 찾을 수 있었습니다.

제가 어릴 때, 저희 어머니는 경쟁에서 늘 이기고 싶어 했던 어린 저에게 "너보다 아래에 있다고 생각되는 사람들을 불행하다고 생각하지 마. 충분히 잘하고 있어."라는 말을 종종 해 주셨습니다. 하지만 어쩐지 그 말은 위로가 되지 않았습니다. "엄마, 나보다 더 많은 걸 이룬 사람도 있어. 그 사람들은 그럼 불행할까? 더 행복하지 않을까?"라는 질문을 던지며 더욱 제가 원하는 바를 이루어 가고자 애썼습니다.

사실 행복과 불행은 저마다 기준이 다르기 때문에 '이렇게 하면 행복하고, 저렇게 하면 불행하다'는 식으로 단정 지을 수 없습니다. 다만 저는 기질적으로 동경하고 원하는 바를 위해 노력하고 성취할 때 행복을 느끼는 타입인 것 같습니다. 그래서 지금껏 '나는 왜 이것밖에 하지 못할까'라고 좌절하는 것이 아니라 '나도 할 수 있다'는 생각으로 어려움을 헤쳐 나갔습니다. 뛰어넘고자 하는 대상, 이루고자 하는 목표를 향해 달려가는 열정이 저의 원동력이 되었고 지금의 저를 만들었습니다.

처음으로 월 수익이 천만 원을 넘긴 날이 떠오릅니다. 그동안의 고생을 보상 받는 기분이 들었습니다. 무엇보다 생각을 행동으로 옮기고 꾸준히 실천한 것이 좋은 결과로 이어졌다는 게 가장 기뻤습니다. N잡러로 살기로 한 것이 단순히 돈을 많이 벌기 위해서가 아니었기 때문입니다. 그저 제 삶을 더 열심히 살고 싶었고, 시간을 허비하고 싶지 않았습니다. 시간을 잘 써서 스스로의 가치를 높이고 싶었습니다.

어떤 사람들은 시작도 하기 전에 '그게 되겠어?' 하는 부정적인 생각을 먼저 합니다. 저도 늘 긍정적이었던 건 아닙니다. 마음에 드는 제품을 만들기까지 부담스러운 제작비를 감당하며 마음을 졸였고, 유튜브 영상을 올릴 때면 구독자의 반응을 걱정하기도 했습니다. 그러나 부정적인 생각은 노력하지 않으면 더 커지기 마련이라, 묵묵히 일을 하는 것으로 생각을 떨칠 수밖에 없었습니다. 그러다 보니 성공적인 경험은 물론 실패의 경험도 자산이 된다는 걸 알게 되었습니다. 내가 선보이는 일이 대중에게 어떤 평가를 받는지도 중요하지만, 더 중요한 것은 그 결과를 얻기까지의 '과정'이었습니다.

최근에 저는 N잡러답게 직업을 하나 더 추가했습니다. 아직 자세히 말씀드릴 단계는 아니지만, 이 일로 또 다른 제 모습을 발견하는 중입니다.

분명히 말해 두지만 저는 여러분에게 '일을 많이 하세요'라고 말하는 것이 아닙니다. 하고 싶은 것을 미루지 말고, 포지하지 말라는 말씀을 드리는 겁니다. 누구나 아는 이야기지만, 인생은 한 번뿐이니까요! 생각을 실천에 옮기면서 나날이 성장하는 자신을 발견해 보길 바랍니다.

오늘도 자신이 좋아하고 잘하는 일을 찾기 위해, 한 푼이라도 더 벌기 위해 고군분투하는 분들에게 제 이야기가 조금이나마 위로와 희망이 되길 바랍니다. '쟤도 했는데 내가 왜 못해'라고 차라리 콧방귀를 뀌면서 책장을 덮자마자 무엇이든 시작하기 바랍니다. 당장에 성과가 나지 않더라도 버티세요! 모소 대나무의 성장처럼 여러분의 인내가 큰 결실을 맺을 겁니다.